Y Pethau Bychain

Hunangofiant Eleanor Burnham

Carreg
Gwalch

Argraffiad cyntaf: 2025

ⓗ Eleanor Burnham/Gwasg Carreg Gwalch 2025

ISBN clawr meddal: 978-1-84527-970-7

Cyhoeddwyd gyda chymorth Cyngor Llyfrau Cymru

Cynllun y clawr: Eleri Owen

Cyhoeddwyd gan Wasg Carreg Gwalch,
12 Iard yr Orsaf, Llanrwst, Dyffryn Conwy, Cymru LL26 0EH.
Ffôn: 01492 642031
e-bost: llyfrau@carreg-gwalch.cymru
lle ar y we: www.carreg-gwalch.cymru

Argraffwyd a chyhoeddwyd yng Nghymru

Y PETHAU BYCHAIN

I 'nheulu, fy ffrindiau

a phawb sydd wedi fy helpu

drwy fy mywyd

Diolch yn fawr iawn i Myrddin a phawb yng
Ngwasg Carreg Gwalch am eu ffydd yndda i,
ac i Nia am ei chefnogaeth amhrisiadwy.
Diolch hefyd i bawb a fu'n gymorth i mi
tra oeddwn yn ysgrifennu'r gyfrol hon.

Rhagair

Dywed Emlyn Evans yn ei lyfr *Rhwng Cyfnos a Gwawr* (2012), 'os ydym yn derbyn mai ffeithiau a'r astudiaeth ohonynt yw hanes, mae'n rhaid gofyn, pa ffeithiau? Pan yw dyn yn ysgrifennu hunangofiant, er enghraifft, disgwylir iddo ddweud y gwir a dim ond y gwir, ond nid oes rhaid iddo ddweud y gwir i gyd. A mater iddo ef yn unig yw dewis pa ffeithiau i'w datgelu, a pha rai ddim. Y mae yr hyn yw hanes yn dibynnu'n union ar yr hanesydd – a'i gyfnod; sut berson ydyw, beth yw ei syniadau am fywyd a'i amgylchfyd.'

'Hanes cyfoes yw bob hanes,' meddai'r hanesydd Eidalaidd, Benedetto Croce, 'ac mae llygaid pob hanesydd yn amrywio'n fawr.'

Y cwestiwn mawr, felly, ydi a ddylwn i ysgrifennu fy hunangofiant? Mae pobl wedi darllen hunangofiannau nifer fawr o gewri Cymru, felly ydy 'mywyd (bach) i'n debygol o fod o ddiddordeb? Amser a ddengys.

Yn 2020 cefais gais, fel pob Aelod Cynulliad ac Aelod Senedd benywaidd arall fu'n gwasanaethu yn ugain mlynedd cyntaf y Cynulliad / Senedd Cymru, i gofnodi fy mhrofiad o fod yn wleidydd yng Nghymru. Daeth y gwahoddiad gan Catrin Edwards a Heledd Wyn Hardy ar ran Archif Menywod Cymru, a chawsom ein cyfweld yn unigol – yn fy achos i, ar Zoom. Arweiniodd y gwaith hwn at gyhoeddi *Gwir Gofnod o Gyfnod / Setting the Record Straight*, ac roedd y gwaith yn bwysig gan fod hanner yr Aelodau yng Nghynulliad 2003 yn fenywod – 30 o ddynion a 30 o fenywod, yr uchaf yn y byd ar y pryd.

Doeddwn i erioed wedi cael cyfle na phrofiad tebyg i'r cofnodi hwn o'r blaen, ac a dweud y gwir, doeddwn i ddim wedi meddwl llawer am y profiad o fod yn AC ar ôl gadael fy swydd ym Mai 2011. Os dwi'n hollol honest, cefais siom pan ddarllenais fy nghyfraniad fy hun yn y llyfr. Ro'n i wedi cael sgwrs ddwyawr dros Zoom, ond doeddwn i ddim yn teimlo 'mod i wedi cyfleu'r hyn ro'n i eisiau ei ddweud yn iawn. Mae'n siŵr mai fy mai i oedd o, ond do'n i ddim yn swnio'n synhwyrol iawn. O ganlyniad i hyn, penderfynais sgwennu fy stori fy hun – fel her bersonol, yn fwy na dim.

Mae llawer iawn mwy wedi'i ysgrifennu am ddynion na merched dros y canrifoedd, ac yn fy marn i mae hyn am fod y rhan fwyaf o ferched wedi arfer gofalu am deulu a chyflawni swyddi heb ystyried yr argraff gyhoeddus ohonynt, y tu hwnt i'r cartref. Dwi'n teimlo fod hyn yn gwneud cam â nhw. Ond mae angen cof, neu nodiadau, da i sgwennu hunangofiant... a dyna fy ngwendid. Rhaid i mi gyfaddef yma nad ydw i wedi cadw dyddiaduron dros y blynyddoedd, felly mae rhai dyddiadau ac enwau yn niwlog. Ar y llaw arall mae gen i gannoedd o luniau i'm hatgoffa o'r dyddiau da!

Eleanor Burnham
Gorffennaf 2025

Pennod 1

Ganwyd fi yn Wrecsam ar yr ail ar bymtheg o Ebrill 1951, a chefais fy magu ar fferm Gwnodl Fawr, Cynwyd, ger Corwen (ardal Edeyrnion, yn yr hen Sir Feirionnydd). Fi oedd trydydd plentyn Meirion ac Emily Roberts, a chwaer ieuengaf Brenda a Glaves (cafodd fy mrawd ei enwi ar ôl cartref fy nhaid, Rhyd y Glaves).

Eleanor White Roberts, neu El Bach Gwnodl, oeddwn i. Mae'n anodd credu erbyn hyn, efallai, ond ro'n i'n gymeriad

Fy hen daid ar ochr Mam, David White, o flaen Rhyd y Glaves yn 1910. Taid sydd yn y canol y tu ôl iddo.

9

swil a nerfus pan o'n i'n blentyn. Ond ar y llaw arall ro'n i'n reit fentrus, gan gwestiynu popeth a gwneud i ambell oedolyn deimlo'n anghyfforddus wrth feddwl am atebion fyddai'n fy modloni.

Roedd Gwnodl Fawr yn fferm o thua pedwar can acer, yn cynnwys dolydd ar afon Dyfrdwy, ffriddoedd at fynydd Mynyllod, a chan acer o fynydd ar y Berwyn, tu ôl i bentref Cynwyd. Saif y tŷ'n urddasol ar godiad yn y tir oddi ar y ffordd gefn i Landrillo, tua milltir o bentref Cynwyd, yn edrych tuag at y de ar draws y dyffryn i gyfeiriad Cynwyd Fechan, hen gartref Mam, a Rhyd y Glaves, hen gartref Taid, Richard White. Pan o'n i'n tyfu i fyny roedd pump o lofftydd mawr yno gyda golygfa odidog allan o bob ffenest, i fyny ac i lawr dyffryn eang a hyfryd Dyfrdwy.

Efallai y byddai rhai pobl yn ei ystyried yn lle anghysbell i fyw, ond doeddwn i ddim yn teimlo'n bell oddi wrth fy ffrindiau gan mai dyna oedd y drefn yn y gymuned amaethyddol. Byddwn yn cael mynd i aros efo Anti Mary yn y pentre yn reit aml ar ôl yr ysgol, pan oedd Mam a Dad yn brysur, felly cefais y gorau o ddau fyd. Ro'n i hefyd yn cael cwmni fy chwaer, Brenda, a fy mrawd, Gla, o gwmpas y lle, ac roedd ffrindiau iddyn nhw hefyd yn ymweld â'r fferm, megis David Charles, bachgen hŷn na ni oedd yn byw drws nesa, a aeth ymlaen i fod yn beiriannydd. Ond fel yr aeth y blynyddoedd heibio bu'n rhaid i mi ddod i arfer â bod ar fy mhen fy hun, yn enwedig pan aeth Bren, ac wedyn Gla, i ffwrdd i'r Ysgol Ramadeg yn Nhowyn, Meirionnydd. Dechreuais deimlo'n eitha bodlon ar fy nghwmni fy hun.

Roedd ein cartref yn dŷ hen ffasiwn, fel y mwyafrif o dai yn y cyfnod hwnnw, heb fath o wres canolog, ond ro'n i'n lwcus fod fy llofft fawr i uwchben y gegin. Ro'n i wrth fy modd ei bod hi'n gynnes yno yn y gaeaf, gan fod gweddill y tŷ yn tueddu i fod yn oer. A dweud y gwir roedd holl lofftydd Gwnodl Fawr yn rhai sylweddol – cymaint â dwy stafell mewn tai modern – felly doedd gen i ddim mantais dros fy mrawd a'm chwaer. Tu ôl i lofft Mam a Dad oedd un Brenda, eto efo golygfa wych dros ardd lysiau Dad ac i'r pellter tu hwnt i'n caeau ni, at bentref Cynwyd a'n hysgol fach ar ben allt serth. Yn y cefn roedd ein hystafell molchi yn edrych dros y berllan, oedd yn llawn coed afalau, eirin, cyrens duon a gwsberis. Roedd llofft Gla hefyd

Llun priodas Eleanor a Robert Roberts, 1900

yng nghefn y tŷ. Roedd nant fechan oedd yn tarddu o'r ffriddoedd uwchben y tŷ i'w chlywed o'r ystafell hon.

Roedd Nain, mam fy nhad, yn byw efo ni, yn y llofft drws nesaf i f'un i, nes iddi farw yn 96 oed. Eleanor Roberts oedd ei henw, ac mi wnes i ddarganfod yn ddiweddar ei bod wedi llofnodi Deiseb Heddwch Menywod Cymru, a anfonwyd i'r Unol Daleithiau, yn 1923. Pump oed oeddwn i pan fu hi farw. Dwi ddim yn cofio neb yn trafod ei marwolaeth efo fi, ond mae gen i frith gof o weld ei chorff yn cael ei gario i lawr y staer ar ddechrau ei thaith i gael ei chladdu ym mynwent Llanrhaeadr-ym-Mochnant. 'Little children should be seen and not heard' oedd hi yn ein tŷ ni, fel yn y mwyafrif o gartrefi'r oes pan oedd angen i'r oedolion drafod pethau pwysig heb y plant.

11

Y Teulu

Dad

Un o Sychnant, Maengwynedd, Llanrhaeadr-ym-Mochnant oedd fy nhad. Dyn cymharol swil oedd o yn y bôn oherwydd iddo gael bywyd eitha caled, wedi iddo golli'i dad pan oedd yn ddeg oed yn 1918, ond roedd o'n ddyn galluog iawn, ac un o'r myfyrwyr cyntaf yng ngholeg Llysfasi, ger Rhuthun, yn ail ddegawd y ganrif ddiwethaf.

Astudio sut i ffermio'n fwy effeithiol oedden nhw bryd hynny – sut i rannu gwybodaeth yn well, a chydig o beirianwaith (doedd o ddim yn cîn ar hynny) – ac roedd y merched yn dysgu sut i wneud caws a menyn, gan orfod gwisgo dillad gwyn oedd yn edrych fel iwnifforms nyrsys! Roedd ei fryd ar barhau â'i astudiaethau yn y maes amaethyddol yn Ngholeg Bangor, ond bu'n rhaid iddo ddychwelyd adref i ffermio oherwydd bod mwy o'i angen o yno. Dwi'n ei gofio fel ffermwr glân a thaclus, yn trin ei weision a'i anifeiliaid yn ddeallus a gofalus, yn ddistaw a heb frolio.

Tueddai i fynd i farchnad Croesoswallt oherwydd ei fagwraeth yn Llanrhaeadr, Dyffryn Tanat, ac yno câi'r mwynhad o gymdeithasu â'i ffrindiau a'i gydnabod o ddyddiau ei blentyndod.

Un o'i ffrindiau pennaf oedd Wil Henfache, a chofiaf fynd yno ato fo a'i wraig, Jinny, ambell nos Sadwrn am swper pan oedden ni'n blant. Ro'n i wastad yn teimlo'n sâl yng nghefn y car ar y siwrnai anodd a throellog i fyny dros y Berwyn ac i lawr trwy Langynog a Phenbontfawr. Fel Gwnodl, hen, hen dŷ oedd Henfache, ac arogl polish a menyn cartref yn gymysg yno. Yn brawf i ddylanwad y polish, roedd yr hen ddarnau anferth o ddodrefn bob amser yn sgleinio. Dynes glên, ddistaw, groesawgar a hen ffasiwn dros ben oedd Jinny, yn meddu ar y gallu i goginio prydau plaen ond blasus dros ben – yn debyg iawn i Mam. Gwledd syml fyddai i'w gael yno bob tro, mewn steil hollol gartrefol. Dyna oedd yr hen drefn.

Gwaith y fferm oedd canolbwynt bywyd fy nhad, fel nifer fawr o'i ffrindiau a'i gymdogion. Roedd ganddo was i'w helpu: Bob, sef Robert Evans o Bentrefoelas, oedd yn weithiwr da a ffyddlon. Deuai nifer o ddynion eraill i helpu ar adegau prysur fel dyddiau dipio a chneifio, neu i symud y defaid i fyny'r mynydd i'r hafod dros yr haf a'u cerdded, wrth i'r hydref nesáu, yn ôl i'r hendre. Fy nghyfraniad i bryd hynny oedd rhedeg gyda'r defaid drwy bentre Cynwyd i wneud yn siŵr nad oedd yr un ohonyn nhw'n crwydro trwy'r gerddi a sathru ar flodau'r trigolion. Dychmygwch tasg mor amhosib oedd honno! Yn ychwanegol i hyn roedd prysurdeb y cynaeafau gwair a gwenith, a diwrnod dyrnu.

Yn ystod cyfnodau fel hyn roedd y ffermwyr cyfagos yn gymdogion parod iawn eu cymwynas, a byddai pawb yn helpu'i gilydd hyd eitha'u gallu ar ddyddiau cneifio, dyrnu, symud defaid a chynaeafu. Byddai Mam a'r gwragedd yn

Fy nhad yn corlannu'r defaid ar y mynydd yn y 1950au cynnar

Yn nhŷ Nain a Taid efo Mot y ci,
1957

paratoi gwledd o ginio canol dydd, a chlamp o de ganol y prynhawn. Ein prif dasg ni'r plant oedd cadw allan o'r ffordd! Ambell waith roedd swper ar gael hefyd, efo dim llai na dwsin o bobl angen eu bwydo. Roedd cinio mewn dau eisteddiad yn y tŷ, a byddai pawb yn cael te allan yn y caeau.

O ddydd i ddydd, y prif orchwyl, wrth gwrs, oedd godro'r gwartheg. Roedd fy nhad yn gwneud hynny gyda pheiriant godro Alfa Laval a gâi ei yrru gan felt oddi ar y tractor, cyn i drydan ddod i'r pentref. Daeth hwnnw i'n bywydau trwy haelioni MANWEB yn 1956. Hwylusodd hynny ein bywyd yn wyrthiol! O'r diwedd roedd modd i ni gael gwared o'r lampiau olew paraffin oedd o gwmpas y tŷ, rheiny oedd ar werth yn siop y post yn y pentref. Mae gen i synnwyr arogl da iawn ers dyddiau fy mhlentyndod, ac roedd arogl annifyr y lampiau'n troi arna i.

Efallai ei bod yn anodd i'r genhedlaeth iau ddychmygu'r effaith syfrdanol a thrawsnewidiol gafodd cyflenwad trydan ar ein bywydau. Un enghraifft oedd diwrnod golchi. Er bod ganddon ni *washhouse* yn agos at gefn y tŷ gyda boeler oedd yn llosgi coed a digon o le i sychu dillad uwch ei ben, roedden ni'n gorfod golchi efo llaw cyn cael trydan. Moethusrwydd llwyr wedyn oedd defnyddio'r *top loader* Hotpoint anferth oedd â mangl yn rhan ohono.

Câi Dad dipyn o lwyddiant yn tyfu llysiau a thatws –

Desiree oedd ei ffefryn – ac roedden ni'n cael cyflenwad cyson o ffa, pys a winwns o'r ardd. Roedd y berllan tu ôl i'r tŷ yn gofalu fod gan y teulu ddigon o afalau, eirin, cyrens duon a gwsberis, a byddai Mam wastad yn mynd â chynnyrch yr ardd efo hi yn anrheg pan fyddai'n ymweld â ffrind neu gymydog oedd yn sâl.

Wrth gwrs, roedden ni'r plant yn helpu i gynaeafu'r cynnyrch, heb sôn am fwynhau ei fwyta. Nid tasg hawdd oedd trin y cyrens, achos roedd angen torri'r ddau ben caled efo siswrn bach, a gymerai oesoedd i'w wneud, cyn eu trosglwyddo i bowlen lân (a dyna pam nad oedden ni'n bwyta'r rhain wrth eu casglu!).

Hel wyau oedd y dasg ddyddiol arall, ac roedden ni'r plant hefyd yn gwneud yn siŵr fod y cŵn a'r cathod yn cael eu bwydo. Roedden ni'n ymwybodol iawn fod y tir o gwmpas ein cartref yn lle peryg – roedd plant yn marw mewn damweiniau ar ffermydd yn aml bryd hynny – ond roedd Mam a Dad yn ofalgar heb fod yn rhy eithafol. Doedden nhw ddim yn gosod llawer o reolau, ond roedd pwyslais ar lendid. Mae gen i sawl craith yn dilyn mân-ddamweiniau, ond un o'r pethau dwi'n ei gofio fwyaf, ac yn ei werthfawrogi, ydi'r rhyddid oedd ganddon ni bryd hynny mewn cymhariaeth â phlant yr oes yma.

Mam

Mam, Emily Ellen White, oedd yr hynaf o bedair merch Richard ac Annie White. Cynwyd Fechan, sydd ar y ffordd o Gynwyd i Landrillo ac yn edrych ar draws yr afon tua Gwnodl Fawr, oedd ei chartref. Rydyn ni fel teulu wedi bod yn hel ein hachau, ac yn credu bod teulu Mam yn deillio o dylwyth Sant Richard Gwyn, nawddsant yr eglwys Gatholig yn y Waun, lle dwi'n byw ar hyn o bryd.

Roedd gan Mam dair chwaer iau, Gertrude, Annie a Megan. Dwi wedi dod ar draws llun diddorol o Mam, Annie

Tîm pêl-droed merched Cynwyd yn 1932

a Gertrude, a'u cyfnither, Mary White o Wyddelwern, yn nhîm pêl-droed merched Cynwyd oddeutu 1932. Does gen i ddim mwy o fanylion am y tîm, a doedd dim cynghreiriau cydnabyddedig i ferched yn y dyddiau hynny, felly byddai'n

Priodas Mam a Dad, efo'r teulu ar y ddwy ochr, 1947

ddifyr iawn gwybod yn erbyn pwy roedden nhw'n chwarae.

Ar ôl gadael Ysgol Merched y Bala aeth Mam i nyrsio, fel Cadet yn gyntaf yng Nghilgwri cyn symud i ysbyty Walton yn Lerpwl. Roedd hi'n ferch alluog, â'i bryd ar astudio meddygaeth, ond doedd y cam hwnnw ddim mor hawdd i fenywod ar y pryd. Bodlonodd ar raddio efo SRN, gan ennill cymwysterau ychwanegol mewn bydwreigiaeth.

Dwi ddim yn cofio Mam yn trafod llawer am ei phrofiadau, na'i rhwystredigaeth o fethu â dilyn ei breuddwyd o fod yn feddyg, ond mae'n rhaid ei bod yn fenyw ddewr a mentrus. Fel nifer o fenywod eraill yn ystod yr Ail Ryfel Byd, aeth o Lerpwl dros y dŵr yn bell iawn i India a Burma, fel Sister yn y Queen Alexandra's Royal Army Nursing Corps. Bu ei chwaer iau, Gertrude, yn gweini yn ystod y Rhyfel fel *chauffeuse* i'r pwysigion yn y fyddin. Daeth diwrnod VJ, oedd yn nodi buddugoliaeth y Cynghreiriaid yn Japan, ar y pedwerydd ar ddeg o Awst 1945 (rai misoedd ar ôl Diwrnod VE) ond cafodd Mam a'i chyd-nyrsys amser rhydd ar ôl diwedd y brwydro, felly wnaeth hi ddim dychwelyd adref tan Awst 1946. Dros y blynyddoedd cafodd gryn fwynhad yn siarad â gwahanol grwpiau am ei phrofiadau o gwmpas India a De Affrica wrth iddi wneud ei ffordd tuag adref. Mae'n rhaid bod pethau'n anodd iddi ar adegau, o ystyried ei phrofiadau erchyll yn

Fi yn y goets, efo fy mrawd Glaves a fy chwaer, Brenda, 1952

17

ystod y Rhyfel, ond bob mis Mai byddai hi a Dad yn mynd am bythefnos o wyliau i Ddyfnaint i ymweld â ffrind iddi o'r cyfnod hyll hwn. Dwi'n difaru erbyn hyn na wnes i holi mwy ar Mam am ei bywyd, a chofnodi ei straeon.

Ychydig dros hanner blwyddyn ar ôl i Mam gyrraedd adref o'r Rhyfel, priododd fy nhad a symud ar draws afon Dyfrdwy i fyw yng Ngwnodl Fawr. Cynhaliwyd y briodas yng nghapel Bethel, Cynwyd, yng nghanol yr eira mawr ar benblwydd Dad, y pedwerydd o Fawrth, 1947. Aeth y ddau ar eu mis mêl ar y trên o Gynwyd i Lundain, ar yr hen lein o Bermo i Riwabon, ond oherwydd y tywydd garw, gorfodwyd nhw i aros yn Wolverhampton dros nos, cyn symud ymlaen i Lundain.

Ganwyd eu plentyn cyntaf, Brenda, ar ddiwrnod olaf y flwyddyn honno ymysg tristwch mawr – roedd Nannie, chwaer Mam, wedi syrthio a boddi yn yr afon ger ei chartref, Cynwyd Fechan. Roedd rhai yn honni iddi gael ei gwthio i'r afon, ond wn i ddim yn iawn beth ddigwyddodd gan nad oedd materion tywyll a dirgel fel hyn yn cael eu trafod, yn enwedig o flaen plant. Credaf fod yr holl beth wedi taenu cwmwl du dros Mam a effeithiodd arni trwy gydol ei hoes.

Ganwyd fy mrawd, Glaves, ar yr unfed ar hugain o Fai, 1949, a finne, babi'r teulu, ar yr ail ar bymtheg o Ebrill, 1951.

Blodau oedd diléit Mam yn yr ardd, ac roedd borderi bach hynod o ddel ganddi o gwmpas y tŷ. Roedd ei choed rhosod hi'n fendigedig hefyd, ond ei ffefrynnau oedd y dahlias, y gladioli a'r pys pêr, oedd yn werth eu gweld. Mae llun ohona i yn flwydd oed mewn pram urddasol efo Nel, ein ci defaid ffyddlon, yn yr ardd ymysg ei blodau o flaen y tŷ – cofiaf Mam yn dweud mor anodd oedd fy nghael i aros yn llonydd er mwyn tynnu'r llun hwnnw. Does gen i ddim llawer o gof am y dyddiau cynnar hynny, ond ro'n i'n teimlo ambell dro fy mod i'n achosi tipyn o gur pen i'r oedolion oherwydd y cwestiynau diddiwedd ro'n i'n mynnu eu gofyn.

Yncl Meirion ac Anti Mair

Roedd Meirion White, cefnder Mam, ei wraig, Mair, a'u merch, Nan (oedd tua chwe blynedd hŷn na fi) yn byw ryw dair milltir o'n tŷ ni ar fferm Pen Lan Bach, cyn iddynt symud drws nesa i Ben Lan Mawr. Roedd Pen Lan Bach yn fferm lai na Gwnodl, yn cadw gwartheg godro, defaid ac ieir. Edrychai tua'r dwyrain i gyfeiriad Rhug a'r ffordd fawr tu allan i Gorwen. Roedd y teulu ffeind, cartrefol, a chroesawgar hwn yn ddylanwad cryf arnaf, gan fy mod i'n arfer mynd i aros yno bob haf am flynyddoedd pan fyddai pawb gartref yn brysur efo'r cynhaeaf ac yn y blaen.

Teimlwn yn hollol gartrefol hefo nhw, gan ddilyn Meirion o gwmpas y lle fel cynffon, ac ro'n i wrth fy modd efo car mawr Americanaidd Mair oedd â *gear stick* ar y llyw ac un sedd hir fel mainc, a chlamp o le fel ogof ddirgel i guddio ynddi. Ro'n i'n rhoi dipyn o gur pen iddynt hwythau hefyd, yn ôl y sôn, efo fy holi di-baid am hyn a'r llall, ac ar ben hynny cefais gic gan fuwch, syrthiais i lawr y staer a hitio 'mhen yn y drws, a mynd yn sownd yn y gors tra o'n i'n aros efo nhw. Mae'n rhyfeddol 'mod i wedi cael mynd yn ôl yno, a dweud y gwir!

Yn ôl traddodiad y cyfnod roedd y capel yn bwysig a chanolog i'n hwythnos yn ogystal â'n dyddiau Sul. Capel Salem, capel Wesle bach plaen ar y ffordd i'r Bala, oedd addoldy lleol Meirion a Mair, heb addurn o fath yn y byd heblaw llun enwog Curnow Vosper o'r hen Sian Owen, Ty'n y Fawnog. Ond Capel Bethel, capel Methodistaidd yng Nghynwyd oedd ein haddoldy ni. Roedd hwn yn gapel mwy o lawer efo dau ddrws, sêt fawr a festri oedd bron cymaint â chapel Salem. Roedd ganddon ni fel teulu sêt benodol, ac ymhen amser penodwyd Dad, ac wedyn Mam, yn flaenoriaid. Erbyn hyn mae fy chwaer Brenda hefyd yn flaenor yno.

Ro'n i'n mynd i'r ysgol Sul ac y gwneud yr Arholiad Sirol, ond doeddwn i ddim yn hoff o sefyll ar fy mhen fy hun i adrodd adnodau o'r Beibl ar goedd. Dwi'n dal i gofio ambell un o'r pregethwyr, yn enwedig Robin Williams – mae'n debyg mai ei lais a'i bresenoldeb arbennig wnaeth argraff arna i (roedd llawer o'r lleill yn gallu bod yn ddiflas a hirwyntog). Roedd Robin Williams, ac ambell un arall, yn dod atom i gael cinio dydd Sul ar ôl yr oedfa.

Datblygais farn gref am y Beibl, crefydd a'r capel, a hynny'n ifanc iawn. Be wnaeth fy nharo i fwyaf oedd y syniad mai dynion oedd yn fwyaf amlwg ynddo, a bod hynny'n wir am hanes hefyd. Mae'n rhaid mai Mam, a'i dewrder a'i hantur, oedd wedi dylanwadu ar fy ffordd o edrych ar y byd a gwneud i mi gwestiynu lle menywod yn yr hyn ro'n i'n ei ddysgu – roedd hi'n eilun ac yn ysbrydoliaeth i mi, does dim amheuaeth. O ganlyniad, ro'n i'n ymwybodol iawn, hyd yn oed yn y cyfnod cynnar hwn, o ddiffyg statws menywod yn y drefn Gristnogol, a doeddwn i ddim yn cyd-fynd â'r syniad o genhadu ar draws y byd chwaith. Pwy oedden ni i feirniadu neu farnu eraill oedd â'u diwylliannau a'u crefyddau eu hunain? Yn bwysicach, pam ddylen ni geisio argyhoeddi eraill mai ein ffordd ni o fyw ydi'r gorau, neu'r unig ddewis? Rhaid cofio nad oedd llawer o drafodaeth ynglŷn â chrefyddau eraill pan oeddwn i'n blentyn, yn wahanol iawn i heddiw. Mae gan bobl ifanc y dyddiau yma fynediad at bopeth ar eu ffonau symudol er mwyn dysgu a chwestiynu, yn wahanol iawn i'r *Encyclopedia Britannica* oedd yn ein tŷ ni! Mi fyddwn i'n edrych trwy gyfrolau'r *Encyclopedia Britannica* yn aml ers talwm, a dwi'n cofio rhyfeddu at gyn lleied o gofnodion am fenywod oedd ynddyn nhw. Ond er bod gwybodaeth yn fwy prin pan oeddwn i'n tyfu i fyny, o leiaf doedd dim rhaid i ni boeni am y 'newyddion ffug' bondigrybwyll sydd o gwmpas y dyddiau yma.

Pennod 2

Pan oeddwn i'n blentyn roedd bwyd a rhai nwyddau eraill yn dal i gael eu dogni ar ôl y Rhyfel, a phethau rydyn ni'n eu cymryd yn ganiataol heddiw yn parhau i fod yn brin. O ganlyniad i hyn roedd pobl yn byw bywyd eitha syml, ond i ni ar y fferm, roedd digon o fwyd blasus a maethlon o'n cwmpas. Roedden ni hefyd yng nghanol cymuned gyfeillgar a charedig oedd yn tynnu at ei gilydd i helpu unrhyw un oedd mewn angen. Cafodd ein teulu ni gyfle i elwa ar haelioni'r gymdogaeth pan o'n i'n dri mis oed – bûm yn wael iawn efo'r pâs bryd hynny, ond dan law ein meddyg teulu ardderchog, Dr Satchwell, a ffrind Mam, Nyrs Hughes, oedd yn gofalu amdanaf bob nos, mi ddes i drwyddi.

Er nad oedd y rhan fwyaf o bobl y pentref yn berchen ar gar, roedd gan y ffermwyr lleol gerbydau, boed yn gar, yn fan neu'n dractor, i'w cario nhw, eu teuluoedd a'u hanifeiliaid o gwmpas y lle. Byddai wastad lifft i'w gael pan oedd angen, ond doedd teithio ddim fel arfer yn broblem gan fod trên hwylus yn dod trwy Gynwyd, ar y lein o Riwabon i

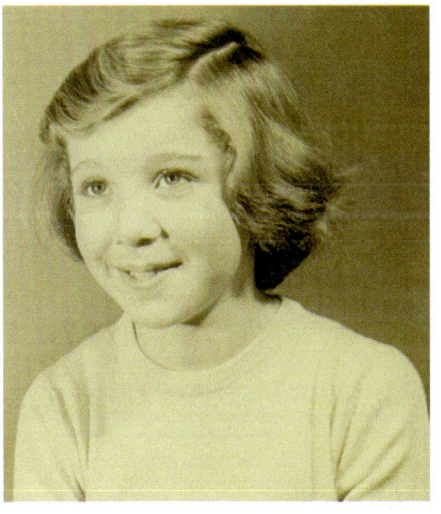

Llun ohona i yn Ysgol Cynwyd, 1958

21

Bermo, i hwyluso'r siwrnai i ganolfannau siopa fel Wrecsam, Caer, Lerpwl a Manceinion. Roedd hynny cyn iddi gael ei chau gan Dr Beeching oddeutu 1963, wrth gwrs, gweithred gan y Torïaid yn Llundain oedd yn drychineb ddinistriol i gefn gwlad Cymru.

Roedd sawl cymydog a ffrindiau teuluol yn 'Antis' ac yn 'Yncls' i ni yn y cyfnod hwn, yn cynnwys Anti Cynwyd a Jos, oedd yn byw yn sgwâr y pentref ac yn ein croesawu ni'r plant atynt ambell bnawn ar ôl yr ysgol neu fin nos, pan oedd Mam a Dad yn brysur gyda'u gwaith ar y cyngor lleol. Roedd Anti Mari (cyfnither Mam), Yncl Jim a'r teulu – Iola, Dic, Genesta a Peter – hefyd yn groesawgar dros ben pan oedd Mam a Dad yn brysur. Ro'n i'n reit hawdd i fy niddori – ro'n i wrth fy modd yn pori drwy gatalogau gan chwerthin yn braf ar y dillad, yn enwedig yr hetiau. Diniweidrwydd plentyn mewn oes hen ffasiwn, yntê? Gyda llaw, er eu bod ar y cyngor lleol, doedd dim llawer o sôn am wleidyddiaeth plaid yn fy nghartref er bod Mam yn addoli Winston Churchill ar ôl bod yn y Rhyfel, a Dad yn Rhyddfrydwr traddodiadol.

Ar gornel y sgwâr, ar y lôn i fyny tua'r ysgol gynradd, safai tŷ a siop Jinni, dynes garedig arall oedd yn gwerthu fferins. Yn aml iawn cawn fag bach o siocledi Quality Street am ddim ganddi, er bod y dogni'n dal i fodoli, a dros gyfnod y Nadolig roedd nwyddau mwy ecsotig megis cnau a thanjerîns ar gael yno.

Câi Swyddfa'r Post ei rhedeg gan ddau o gefndryd Mam, brodyr o'r enw Wyn a White: dau gymeriad ecsentrig oedd wedi teithio'r byd. Roedd y lle fel bocs Pandora, a phopeth ar gael yno. Fel y soniais, mae gen i synnwyr arogl sensitif iawn, a dwi'n cofio hyd heddiw mai cymysgedd o arogl paraffin a chaws oedd yno. Yn ddyn ifanc roedd Wyn yn ffotograffydd brwd, ac yn aml defnyddiai ei luniau i wneud cardiau post, ymhell cyn i'r arferiad hwnnw ddod yn ffasiynol. Yn ddiweddarach, o gwmpas y chwedegau, bu Mam a'i chwaer ieuengaf, Megan, yn eu helpu i redeg y lle am fod y ddau frawd wedi heneiddio, ond yn gyndyn i ymddeol.

Roedd gen i deulu ar yr ochr arall i'r byd hefyd – symudodd brawd ieuengaf Taid Cynwyd Fechan, Bob White, i Wanganui, Seland Newydd, yn 1910 a sefydlu fferm anferth a llewyrchus yno. Magodd bedwar o blant, tair merch ac un mab, a dwi'n agos at ddwy ohonyn nhw, Megan a Sue. Pan es i i ffwrdd i ysgol Towyn daeth Megan a finne'n *pen pals*, gan sgwennu at ein gilydd am ein bod ni'n dwy i ffwrdd oddi cartref yn yr ysgol.

Dyddiau Ysgol

Safai ein hysgol gynradd ar ben allt serth iawn gyferbyn â chapel y Bedyddwyr ar ben ucha'r pentre, tu hwnt i'r sgwâr a'r siopau. Mae'n siŵr na fyddai'r allt yn pasio unrhyw safonau iechyd a diogelwch cyfoes, ac efallai fod hynny'n un o'r rhesymau pam yr adeiladwyd un newydd i lawr yng nghanol tai Cyngor y pentre. Cerdded fyddwn i i'r ysgol ar y dechrau, ac ar ôl i Brenda, ac yn ddiweddarach, Gla, symud i ysgol Ramadeg Towyn, ro'n i'n gwneud y siwrnai o'r fferm i lawr yr allt o Gwnodl ac i fyny'r allt serth i'r ysgol, ar fy mhen fy hun. Dwi'n cofio teimlo chydig yn ofnus yn mynd fy hun ar y dechrau, gan ei bod yn daith o dros filltir. Os oedd y tywydd yn aeafol iawn byddai Dad yn mynd â fi i'r ysgol ar y tractor, Fordson Major glas, urddasol, oedd yn deimlad gwych. Gan fod y disgyblion a'r athrawon yn byw yn lleol (yn wahanol i'r mwyafrif o ysgolion heddiw) doedd yr ysgol byth yn cau ar dywydd drwg – ac roedd y gaeafau yn llawer caletach bryd hynny!

O iard yr ysgol roedd golygfa odidog ar draws y dyffryn i gyfeiriad Gwnodl Fawr a mynydd Mynyllod, a thu ôl i'r ysgol roedd y Berwyn, lle porai'n defaid ni drwy'r haf. Tua hanner cant o ddisgyblion oedd yn yr ysgol i gyd, a'n hathrawes gyntaf ni oedd Janice Roberts, dynes dal ac annwyl dros ben. Dan ei harweiniad hi a T.O. Jones, y Prifathro, datblygais awch aruthrol am ddysgu, ac am lyfrau. Roedd llyfrgell symudol yn galw heibio'r ysgol bob wythnos, ac er nad oedd cymaint o ddewis o lyfrau Cymraeg ar gael ag sydd heddiw, dwi'n cofio mwynhau straeon Wil Cwac Cwac yn *Llyfr Mawr y Plant*. Yn nes ymlaen, ro'n i'n darllen llyfrau Saesneg megis *Heidi* a *Little Women*. Pan ddechreuais gael gwaith cartref, yr *Encyclopaedia Britannica* ffyddlon oedd y ffynhonnell ar gyfer pob ffaith, er bod diffyg gwybodaeth ynddo am fenywod, fel y crybwyllais. Gan fod Dad yn ddarllenwr mawr doedd dim prinder o lyfrau yn y tŷ i mi ddewis ohonyn nhw, ac felly roedd canlyniadau fy adroddiadau blynyddol yn galonogol – byddwn yn dod yn gyntaf neu'n ail yn y dosbarth yn aml o ran marciau.

Pan o'n i'n saith oed aeth fy chwaer i ffwrdd i Ysgol Ramadeg Towyn, fel y gelwid hi ar y pryd, a dwy flynedd yn ddiweddarach dilynodd fy mrawd hi yno. Roedd gan ein teulu gysylltiadau â'r ysgol, a gan fod Dad wedi bod yn ddisgybl preswyl yn Ysgol Llanfyllin doedd y syniad o fyw yn yr ysgol ddim yn ddieithr i ni. Er 'mod i'n gweld eisiau cwmni Brenda a Gla ro'n i'n reit gyfforddus â fy nghwmni fy hun, yn rhannol oherwydd fy mod i, fel plentyn fferm, wedi arfer byw braidd yn bell oddi wrth fy ffrindiau. Ond daeth cyffro mawr i'm rhan hefyd o gwmpas y cyfnod hwn pan ges i feic ail law. Chydig yn fawr i mi oedd o ar y dechrau, ond datganwyd yn bendant y byddwn i'n tyfu i mewn iddo'n reit handi! Wel, sôn am ryddid ges i wedyn. Beicio oedd fy hoff ddiddordeb, a theithiais filltiroedd lawer – a threulio oriau maith – ar fy meic, yn seiclo i'r ysgol, ymweld â'm llu o ffrindiau neu daro i mewn i gael sgwrs gydag aelodau o'r teulu. Roedd y ffordd gefn i Gynwyd, sef y ffordd i'r ysgol, yn eitha saff, ond roedd galw heibio Nain a Taid Cynwyd

Fechan yn fater gwahanol gan fod hynny'n golygu mynd ar y ffordd fawr tua Llandrillo, Llandderfel a'r Bala. Roedd y rhyddid ges i ar ôl i 'mrawd a'm chwaer fynd i ffwrdd i'r ysgol yn rhyfeddol. Doedd fy rhieni'n poeni dim am fy niogelwch – doedd dim angen iddyn nhw wneud hynny a dweud y gwir – ac ro'n i'n mynd a dod fel leciwn i. Ro'n i'n aml iawn yn mynd i dreulio amser efo ymwelwyr oedd yn dod i aros yn rheolaidd i'r ardal, pobl fel Arthur Fullelove o Warrington, perchennog busnes creu peirianwaith i drenau, oedd yn dod â charafán anferth ar ein dôl er mwyn pysgota yn yr afon. Ro'n i wrth fy modd yn busnesa yn y garafán hynod hon, a cheisio dysgu sut roedd popeth wedi'i gynllunio mor dwt mewn gofod mor fychan a chyfyng. Roedd Aida a Harry Antrobus, sef PA Arthur a'i gŵr, yn dod efo fo. Wel, am bobl glên a chroesawgar – ar un cyfnod roedd Mam yn cwyno 'mod i'n treulio mwy o amser efo nhw nag adref!

Mwy o ddysgu

Roedd disgwyl i mi, babi'r teulu, ddilyn yn ôl troed fy mrawd a'm chwaer hŷn a mynd i Ysgol Ramadeg Towyn, felly fu dim trafodaeth ar y mater. Ond yn gyntaf, roedd angen pasio'r Eleven Plus. Cefais fynd i ymarfer ar gyfer yr arholiad efo Mrs Hughes Gornel Rhedyn, oedd wedi ymddeol o ysgol Cynwyd, i sicrhau nad o'n i'n rhy nerfus (gan 'mod i'n tueddu i or-boeni am bethau fel hyn), ond fel arall doedd dim llawer o ffwdan ynglŷn â'r *scholarship*, mwy nag unrhyw arholiad arall. Doedd 'mo'r ffasiwn beth â phroblemau iechyd meddwl, a dim cefnogaeth i ddisgyblion oedd o dan bwysau. Felly roedd yn rhaid i mi gadw'n dawel, sicrhau fod fy mhensil, fy ffownten-pen ac ati'n barod, a mynd amdani.

Ar ôl pasio, daeth yn bryd i mi gychwyn ar antur newydd. Ro'n i'n llawn cyffro wrth feddwl am fynd yn *boarder*, ond doedd gen i ddim syniad beth i'w ddisgwyl yn yr ysgol uwchradd gan nad oedd cyfnod paratoi na phontio rhwng ysgol fach Cynwyd ac Ysgol Ramadeg Towyn. Do'n i ddim yn adnabod neb, a bu'n rhaid i mi geisio ffitio i mewn a gwneud ffrindiau hollol newydd cyn gynted â phosib.

Roedd fy chwaer yn y pumed dosbarth ac ar fin sefyll ei harholiadau GCE, a 'mrawd yn y trydydd dosbarth ac yn byw yn nhŷ'r bechgyn, Brynarfor, felly doeddwn i ddim yn gweld llawer ohonyn nhw.

Er 'mod i'n eneth swil oedd yn mwynhau treulio amser efo fy ffrindiau, ro'n i hefyd wedi dod i arfer â fy nghwmni fy hun. O ganlyniad, roedd bwrlwm y tŷ lojin a'r ysgol fawr yn hollol newydd i mi, ac yn gallu bod yn straen ar brydiau. Un o'r pethau anoddaf i mi ddod i arfer â fo oedd cysgu efo pedair merch arall mewn *dorm* yn Nhrefeddyg, tŷ'r merched, ar ôl cael stafell wely fawr i mi fy hun adref, ond ar ôl i ni ddod i nabod ein gilydd roedd cryn dipyn o sŵn a sbri yn y *dorms* pan ddeuai amser gwely, ac ambell *midnight feast* ar ddiwedd tymor, gan efelychu nofelau Enid Blyton!

Roedd Trefeddyg yn dŷ urddasol, gwyn ar y stryd fawr, ac yn gartref dros dro i tua 30 o ferched mewn *dorms* ar ddau lawr. Mae'n siŵr bod tua acer o ardd o'i flaen, i'r ochr gyferbyn â gwaelod cae'r ysgol, ac yn y cefn lle roedd giât yn arwain i gae'r ysgol. Ar draws y ffordd, ar y stryd fawr, roedd y siop Spar gyntaf i mi ei gweld. Wrth ymyl prif fynedfa'r ysgol roedd Brynarfor, tŷ'r bechgyn a chartref Gla, fy mrawd.

Safai'r ysgol ychydig oddi ar y ffordd o'r stesion i fyny tua'r ysbyty gymunedol, ddim yn rhy bell o'r môr. Adeilad un llawr oedd o, efo dwy fynedfa o frics coch: un ar y chwith i'r bechgyn a'r *girls' entrance* ar y dde. Roedd ganddon ni begiau a loceri wrth ymyl y brif fynedfa i gadw'n pethau ond doedd dim byd dan glo, a dwi ddim yn cofio unrhyw sôn am ddwyn neu am bethau'n mynd ar goll. Welais i ddim bwlio nac ymddygiad annymunol chwaith. Roedd tua phum cant o ddisgyblion yno – dipyn o newid o'r hanner cant yn Ysgol Cynwyd – ac oddeutu ugain o athrawon galluog yn ogystal â staff caredig i edrych ar ein holau. Dr Davies oedd y Prifathro uchel ei barch, a Scott Archer oedd ei ddirprwy. Yn ogystal â'r stafelloedd dosbarth a'r labordai roedd campfa, a chlamp o gae chwarae yn cynnwys cyrtiau tenis a phêl-rwyd a meysydd pêl-droed, hoci a chriced. Felly, roeddwn yn teimlo'n lwcus iawn o gael mynychu'r ysgol. Ond ar y llaw arall, ro'n i'n teimlo'n wahanol, fel rhyw fath o *hillbilly* o gefn gwlad Cymru ymysg rhai o'r disgyblion eraill yn y tŷ, llawer ohonynt yn Saeson â phrofiadau eang, rhyngwladol. Plant teuluoedd y Fyddin oedd llawer ohonynt, wedi byw mewn gwledydd megis Affrica, Kuala Lumpur, yr Almaen ac yn y blaen cyn dod i gael eu haddysg yng Nghymru. Doedd ganddyn nhw ddim syniad am fywyd fferm yng nghefn gwlad Cymru, felly chydig iawn oedd gen i'n gyffredin efo nhw ar y dechrau. Roedd amryw o enethod Cymreig o ogledd Cymru yno hefyd, o wahanol gefndiroedd, ond doeddwn i ddim yn nabod 'run ohonyn nhw cyn cyrraedd yr ysgol, a Saesneg oedd pawb yn siarad, er mwyn ein helpu ni i ddatblygu ein hail iaith. Yn wir, trwy gyfrwng y Saesneg y ces i fy addysg i gyd yn Ysgol Ramadeg Towyn, a Saesneg oedd pawb yn ei siarad yn yr ysgol ac efo'r staff.

Yn y *dorms* roedd gwelyau sengl, loccr rhwng dwy, drôr, a lle i hongian dillad. Dim ond gwisg ysgol a chydig o ddillad eraill oedd ei angen arnon ni – dillad hamdden i'w gwisgo ar ddydd Sadwrn, a dillad gorau ar gyfer dydd Sul, y *Sunday Best*, i fynd i'r eglwys neu'r capel. Wrth gwrs, roedd Cash's Name Tapes wedi'u gwnïo'n daclus ar bob eitem o f'eiddo, ac ro'n i'n reit falch o'r ffaith mai fi, yn hytrach na Mam, oedd wedi cyflawni'r dasg lafurus hon cyn mynd i'r ysgol.

Roedd cerdded i lawr y stryd fawr yn fy nillad Sul yn brofiad poenus a dweud y lleiaf, gan 'mod i'n ymwybodol iawn fod angen i mi ymddwyn yn weddus trwy gydol yr amser er mwyn cadw enw da'r ysgol. Do'n i ddim yn rhy hoff o'r iwnifform ysgol chwaith: brown oedd ei lliw, efo tei streips brown a melyn. Fedrwn i ddim meddwl am wisgo'r lliwiau hynny am flynyddoedd ar ôl gadael yr ysgol. Mari Jones oedd enw ein Matron yn Nhrefeddyg ac roedd hi, fel Mam, wedi'i hyfforddi'n nyrs. Roedd hi'n byw yn y tŷ efo'i gŵr, Emyr, a'u hunig blentyn, Sian, oedd fymryn yn iau na fi. Yn ogystal â bod yn ddynes alluog, glên, roedd Mari Jones yn gogydd da ac yn gwneud ein bywydau'n gyfforddus. Diolch iddi hi a'i phrydau blasus, cartrefol, setlais i mewn i 'mywyd newydd yn eitha naturiol. Hi roddodd domatos o dun i mi am y tro cyntaf, ac mae ei chinio rhost a'i threiffl blasus ar y Sul yn aros yn fy nghof hyd heddiw.

Roedd genethod o bob oed yn bwyta efo'i gilydd yn y Dining Room, a'r drefn ddyddiol oedd codi tua saith y bore a chael brecwast am chwarter i wyth, cinio ganol dydd yn yr ysgol a phryd min nos yn y tŷ. Yn y Dining Room yn y tŷ roedden ni hefyd yn cyflawni ein *prep*, sef y gwaith cartref, a hynny o dan oruchwyliaeth *senior* ar ddyletswydd. Ar ôl cwblhau'r gwaith, roedd yr ystafell deledu ar gael i ni, ac roedden ni'n cael mynd yno ar y penwythnosau ac ar rai achlysuron eraill hefyd, er mwyn ymlacio. Dwi'n cofio gwylio cyfresi megis *Dr Finlay* a *The Forsyte Saga*, a'r gêm bêl-droed enwog rhwng Lloegr a'r Almaen yng Nghwpan y Byd 1966.

Yn anffodus, ar ôl dim ond wythnos neu ddwy yn yr ysgol, cefais frech yr ieir a gorfodwyd fi i fynd adre'n syth i wella ac i osgoi trosglwyddo'r haint. Bryd hynny roedd mynd adre'n golygu siwrnai o ddwy awr ar hyd ffyrdd troellog ac araf, a dyna un rheswm pam nad o'n i'n mynd adref ar benwythnosau. O ganlyniad i hyn, ro'n i'n teimlo'n gymysglyd iawn wrth baratoi i fynd yn ôl i'r ysgol ar ôl y gwyliau – ar un llaw do'n i ddim eisiau gadael Gwnodl, ond eto teimlwn yn gyffrous am y tymor newydd.

Er bod fy mhrofiad addysgol i'n wahanol iawn i brofiadau plant ardal Cynwyd heddiw, doedd fy addysg i ddim yn anghyffredin, a dweud y gwir. Roedd nifer fawr o blant ffermydd yn mynd i ffwrdd i'r ysgol, am resymau ymarferol ac addysgol, ac mi ddois i'n ffrindiau efo lot fawr o blant ffermydd gan fod ganddon ni dipyn yn gyffredin ... roedden ni'n teimlo chydig yn wahanol i'r rhai eraill nad oedden nhw wedi cael yr un profiadau â ni.

Ro'n i'n mwynhau'r ysgol, ac wrth i'r blynyddoedd fynd rhagddynt, mi ges i gyfle i droi fy llaw at sawl peth gwahanol y tu allan i'r gwersi. Ro'n i'n dipyn o gês ar y cae hoci, a chefais fy newis i chwarae yn nhîm yr ysgol a thîm y sir (Sir Feirionnydd). Ges i dipyn o lwyddiant fel cantores unigol hefyd, gan ganu amryw o unawdau mewn cyngherddau, gwasanaethau carolau ac eisteddfodau'r ysgol.

Yn ystod fy mlwyddyn gyntaf yn Nhowyn, cefais wersi piano efo dynes lem oedd yn byw i lawr y stryd fawr. Gan ei bod hi'n fy nharo ar gefn fy llaw efo pren mesur pan fyddwn i'n taro'r nodau anghywir, do'n i ddim yn ei hoffi hi o gwbl. Fel y gallwch ddychmygu, doedd gen i ddim llawer o ddiddordeb mewn cario ymlaen efo'r gwersi na'r ymarfer. A dweud y gwir, roedd gen i fwy o ddiddordeb mewn hoci, yn enwedig chwarae oddi cartref a chael y cyfle i ymweld ag ysgolion megis Ardudwy yn Harlech, lle roedd gwraig fy nghefnder annwyl, Peter Hope Jones, yn dysgu ymarfer corff. Roedden ni hefyd yn cael mynd i chwarae yn erbyn Ysgol Dr Williams, Dolgellau – ysgol breifat oedd hon, ac roedd fy nghyfnither, Nan, yn ddisgybl yno. Ro'n i wrth fy modd yn cael mynd yno gan ei bod yn ysgol braf mewn aceri o dir hyfryd, ychydig y tu allan i'r dref ar ffordd y Bermo, a choed rhododendron anferth yn tyfu'r holl ffordd o'r

Fi fel Dick Whittington yn 1968
yng nghynhyrchiad Ysgol Ramadeg Towyn

fynedfa at ffrynt y tŷ mawreddog. Dwi'n cofio cael croeso cynnes a pharchus yno, ond ni chofiaf fawr am ganlyniadau'r hoci!

Cefais ran Dick Whittington yn un o gynyrchiadau blynyddol yr ysgol oedd yn cael eu perfformio yn y ganolfan yn Aberdyfi. Roedd gen i lais trwm, anoddach i'w reoli na llais ysgafn, main, ac ro'n i'n cael trafferth rheoli fy nerfau – ro'n i'n methu cysgu y noson cyn pob perfformiad, ac yn tueddu i daflu i fyny a bod angen mynd i'r lle chwech bob munud. O ganlyniad, ro'n i'n methu canolbwyntio ar fy anadl, heb sôn am gofio'r geiriau. Cofiaf, fel ddoe, sefyll ar lwyfan Pafiliwn Corwen yn Eisteddfod yr Urdd Sir Feirionnydd a chael ail yn erbyn Mary Lloyd Davies, a ganodd 'Y Gwanwyn Olaf' gan Grieg yn hollol ddisgybledig. Roedd y gân yn hollol anaddas i mi a'm llais trwm, afreolus, ac ro'n i'n rhy nerfus i allu gwneud fy ngorau, felly collais fy awydd i eisteddfota. Wrth i'r blynyddoedd fynd heibio, ac wedi i mi gael beirniadaeth galonogol yn Eisteddfod Llanrwst, cefais ambell wers gan y cawr cerddorol Colin

Jones, Rhosllannerchrugog, i geisio gwella fy llais a'm techneg. Llwyddais i gael canlyniadau Lefel O arbennig o dda, ac arhosais yn yr ysgol i astudio at fy arholiadau Safon Uwch. Y siom fwyaf ges i yn y chweched dosbarth oedd mai fi oedd yr unig ferch yn y grŵp gwyddoniaeth. Rhan o'r anhawster oedd fy mod i'n methu dod ymlaen â rhai o'r bechgyn gan eu bod yn tueddu i feddwl eu bod yn well nag unrhyw eneth, yn enwedig ym myd gwyddoniaeth, a dechreuodd fy hunan-werth a'm hyder ddioddef o'r herwydd. Yn y bôn, ro'n i eisiau dewis cymysgedd o bynciau gwyddonol a Chelf, ond doedd yr amserlen ddim yn caniatáu hyn.

Ro'n i'n hapus yn yr ysgol nes i mi ddychwelyd i'r Chweched Dosbarth. Yn allanol mae'n debyg 'mod i'n ymddangos yn berson hapus, ond mewn gwirionedd ro'n i'n isel iawn fy ysbryd am gyfnod hir yn ystod fy nwy flynedd olaf yno. Y diffyg opsiynau o ran pynciau oedd y prif reswm, ac roedd y sefyllfa yn y gwersi yn gwneud i mi deimlo'n reit isel. Doedd dim cyfle i mi drafod y peth efo neb, gan fod disgwyl i ni i gyd roi ein pennau i lawr a delio â phopeth yn dawel – yn wahanol iawn i'r sefyllfa y dyddiau yma. Mae iechyd meddwl disgyblion yn flaenoriaeth erbyn hyn, a da o beth ydi hynny.

Ar ôl i 'nghyfnod yn yr ysgol ddod i ben yn 1969 es i ddim yn ôl i Dowyn am hir iawn. Yn ddiweddar mynychais angladd Syr Meuric Rees, yr amaethwr a chyn-gadeirydd yr NFU, yn y capel y drws nesaf i'm hen ysgol, ac roedd hynny'n brofiad od iawn.

Pennod 3

Buan y daeth hi'n amser i mi ddewis astudiaethau pellach ar ôl yr ysgol, ac ystyried gyrfa bosib. Doedd dim cymaint o opsiynau yn agored i ni ag sydd i bobl ifanc heddiw, a doedd dim byd penodol yn fy nenu. Ar y pryd roedd fy chwaer ar fin gorffen cyfnod llwyddiannus iawn yng Ngholeg Radbrook yn Amwythig – coleg addysg bellach oedd yn cynnig amryw o gyrsiau busnes, wedi'i leoli mewn stad ar ochr orllewinol y dref. Roedd y cwrs busnes HND (Higher National Diploma) tair blynedd a gynigid yn y coleg hwnnw'n swnio'n ddiddorol, felly yno yr es i, gan feddwl y byddai cwrs o'r fath yn fy ngalluogi i dreulio blwyddyn

Criw Coleg Radbrook yn 1969
Fi ydi'r 4ydd o'r chwith.
Ann, yn y blaen efo'r sgarff, ddaeth efo fi ar y trip anhygoel i Ewrop.

32

ychwanegol yn astudio er mwyn ennill gradd Anrhydedd. Petawn i'n gwneud hynny, byddai gen i ddigonedd o amser i benderfynu ar drywydd fy nyfodol. Rhaid cofio ein bod yn ffodus iawn yn y dyddiau hynny i gael addysg yn rhad ac am ddim, yn wahanol i'r drefn bresennol sy'n afresymol o ddrud. Felly treuliais dair blynedd bleserus, ddi-straen mewn amgylchedd hardd gyda phobl glên a chroesawgar.

Roedd yr Amwythig, fel y mae hyd heddiw, yn dref eitha gwledig ond prysur tu hwnt. Roedden ni fyfyrwyr yn byw mewn gwahanol adeiladau ar y stad, gan deithio ar y bws hwylus o'r coleg i ganol y dref i ymweld â'r siopau a'r caffis niferus oedd yn ein difyrru yn ein hamser hamdden.

Roedden ni'n cael arian i'n cynnal yn ystod y cwrs, ac i brynu bwyd (roedden ni'n coginio ein hunain, oedd yn ein hannog i fyw yn fwy annibynnol) ond ro'n i'n gweithio yn ystod y gwyliau yng ngwesty poblogaidd Owain Glyndŵr yng Nghorwen i ennill pres poced, felly roedd bywyd yn ddigon di-boen o'i gymharu â phrofiad nifer o fyfyrwyr heddiw.

Bûm yn gweithio yn ystod y gwyliau hefyd mewn canolfannau Cristnogol ar hyd a lled Lloegr, yn gwneud pob math o waith yn cynnwys coginio a glanhau. Roedd y canolfannau hyn yn debyg iawn i Langrannog a Glan-llyn, a ninnau fel rhyw fath o swogs. Dros un Pasg bûm yn Cromer, Norfolk, a threuliais haf yn Malvern. Bûm hefyd yn Haltwhistle, ar y ffin rhwng Lloegr a'r Alban, dros un calan gaeaf, mewn tywydd garw iawn.

Ro'n i a'm grŵp o ffrindiau yn mwynhau mynd i gwrdd â'r bechgyn oedd yn fyfyrwyr yng ngholeg Harper Adams (oedd ar y pryd yn goleg amaethyddol ond sydd bellach yn brifysgol lewyrchus) gan ein bod ni'n cael llawer o hwyl efo nhw. Wedi dweud hynny, roedd yr hwyl hwnnw'n eitha parchus a diniwed – hwn oedd cyfnod y ddawnsfeydd safonol, efo bandiau dur, *steel bands*, i hwyluso'r dawnsio. Wnes i ddim cadw cysylltiad efo 'run o'r bechgyn ar ôl i mi adael y coleg, ond mi ddois i ar draws un, Alwyn Humphreys o Ddyffryn Nantlle, flynyddoedd yn ddiweddarach pan oeddwn yn ymgeisydd gwleidyddol ac wedyn yn Aelod Cynulliad ac yntau'n ddarpar-ymgeisydd i'r Blaid Lafur! Byd bach, yntê?

Roedd haf 1972 yn gyfnod anturus i mi ac un o'm ffrindiau coleg, merch o'r enw Ann Berry oedd yn dod o gyffiniau Peterborough. Ar ôl peth ymchwil drwy asiantaethau teithio, penderfynodd y ddwy ohonon ni ymuno â thaith grŵp o tua dwsin o bobl ifanc (hollol ddieithr i ni) ar daith mewn bws mini ar draws Ewrop i Istanbwl yn Nhwrci. Taith wedi'i threfnu'n arbennig ar gyfer myfyrwyr oedd hi gan fod y costau'n weddol isel – chydig gannoedd bob un gostiodd y trip i ni, ac roedden ni i ffwrdd am dros chwe wythnos. Roedd yn rhaid i bawb rannu pebyll bychan fesul dau (roedd Ann a finne'n rhannu), ac roedd y bwyd oedd yn cael ei ddarparu ar ein cyfer yn syml iawn. Chwe niwrnod gymerodd hi i ni gyrraedd Istanbwl, ond ar ôl hynny roedd y daith yn fwy hamddenol, ac mi gawson ni ddigon o amser i fwynhau profiadau newydd a gwahanol.

Bu'n rhaid Ann a finne sortio pasbort bob un, ond trefnwyr y gwyliau oedd yn sortio'r fisas angenrheidiol ar gyfer teithio i'r gwledydd y tu hwnt i'r Llen Haearn, sef Iwgoslafia a Bwlgaria. Daeth y trefniant hwnnw i ben ar ôl diwedd y Rhyfel Oer yn y nawdegau, ond bellach, ar ôl Brexit, mae teithio i Ewrop wedi cymhlethu rhywfaint eto... cylch dieflig!

Roedd y siwrnai o Lundain i Istanbwl dros ddwy fil o filltiroedd, a dau berson oedd yn rhannu'r gwaith gyrru – un yn gyrru'r bws mini a'r llall yn gorffwys. Do'n i erioed wedi bod yn un dda am deithio yng nghefn car, ond i ffwrdd â fi efo dim byd ond sach gefn eitha taclus.

Croesi'r Sianel i Zeebrugge oedd yr her gyntaf, cyn

teithio drwy'r Almaen ar dipyn o wib gan anelu am Munich. Dychmygwch ein cyffro pan soniwyd, mewn ffordd digon ffwrdd-â-hi, fod cyfle i ni ymweld â stadiwm y Gemau Olympaidd ben bore ar ôl cyrraedd, cyn i'r mwyafrif o drigolion y ddinas godi o'u gwelyau. Mi dynnais i luniau o'r lle wrth gerdded o gwmpas, a dwi'n edrych arnynt mewn syndod wrth feddwl am yr ymosodiad terfysgol ddigwyddodd yno ychydig wythnosau'n ddiweddarach, ar ddechrau'r gemau, pan gymerodd aelodau o grŵp Palesteinaidd milwriaethus rai o dîm Israel yn wystlon. Does fawr ddim wedi newid mewn hanner can mlynedd, nag oes?

Ar ôl gadael Munich trodd y bws mini tua'r de-ddwyrain a theithio ar dir gwastad, efo'r Alpau i'r de, dros y ffin i Awstria. Yn Salzburg roedden ni'n aros, a chan ei bod yn ganol haf roedden ni'n codi'n gynnar – roedd y babell yn mynd yn grasboeth wrth i'r haul ei tharo. Bwyd syml lleol roedden ni'n ei fwyta: bara, caws, cig moch, salami neu prosciutto efo tomatos, ond doeddwn i erioed wedi dod ar draws lot o'r pethau hynny o'r blaen.

Roedd y tywydd yn fendigedig, a chymal nesaf y daith oedd i Trieste, y porthladd oedd yn rhoi mynediad i ni i Iwgoslafia. Mae hi'n ddinas ddiddorol. Yn y 19eg ganrif hwn oedd y

1964

prif borthladd i ymerodraeth Hwngari ac Awstria, a phan o'n i'n teithio yno yn 1972 roedd y tu ôl i'r Llen Haearn. Oddi yno, aethom i gyfeiriad Zagreb, prifddinas Croatia heddiw, ac ymlaen i'r de-ddwyrain i gyfeiriad Belgrade, prif ddinas Serbia heddiw. Ffordd weddol syth oedd hon a ffos ar y ddwy ochr iddi, a rhaid oedd gyrru'n daclus a gofalus iawn ar ei hyd. Roedden ni'r teithwyr angen nerfau go gryf i wneud y daith hefyd! Diddorol oedd gweld merched di-ri ar ochrau'r ffyrdd yn gwerthu llysiau a ffrwythau ffres oddi ar fyrddau bychain. Roedd milltiroedd ar filltiroedd o gaeau yn llawn llysiau, a miloedd o flodau haul yn tyfu ym mhobman o'n cwmpas.

Heb lawer o oedi, i ffwrdd â ni dros y ffin i Fwlgaria, ar ôl i bawb ddangos ei basbort a'i fisa, ac ar ôl dadlwytho'r bws mini i wneud yn siŵr nad oedden ni'n cario unrhyw beth anghyfreithlon dros y ffin. Roedd un peth yn fy mhoeni i (a sawl un arall) erbyn y rhan hon o'r daith, sef safon y cyfleusterau cyhoeddus. Dim ond twll yn y llawr oedd ar gael i ni, a finne'n berchen ar drwyn go sensitif i arogleuon drwg!

Parhau i deithio, gan ddal ein trwynau pan oedd raid, wnaethon ni, a chawsom olygfa annisgwyl wrth deithio trwy Sofia, prifddinas Bwlgaria: cannoedd o *combine harvesters* yn barod at gyfnod y cynhaeaf, yn symud yn araf ond yn urddasol ar hyd y strydoedd dinesig.

Ar ôl hynny roedd y tirlun yn wahanol iawn i'r hyn roedden ni wedi'i weld ynghynt – doedd dim llawer o wyrddni o'n cwmpas gan ei bod yn boeth a sych iawn. Pan gyrhaeddon ni Twrci, ac Istanbul ei hun, ro'n i'n teimlo fel petawn i wedi cyrraedd lle hollol unigryw ac ecsotig. Roedd popeth o 'nghwmpas i'n anghyfarwydd: yr aroglau sbeislyd, y gwres a sŵn miloedd o bobl yn rhuthro o gwmpas fel morgrug wrth gael eu galw i weddïo, ddydd a nos.

Cafodd amser ei neilltuo i ni gael gwerthfawrogi ochr

Ewropeaidd y ddinas anferth, anhygoel hon. Cawsom ymweld ag amgueddfa Topkapi a'r Blue Mosque, a'r marchnadoedd di-ri oedd yn gwerthu pob math o nwyddau lleol. Tynnwyd fy llygad gan y nwyddau lledr – roedd yno gotiau, bagiau a beltiau bendigedig. Fel ffŵl, prynais gôt Afghan oedd yn ffasiynol ar y pryd – swêd ar y tu allan a ffwr cynnes ar y tu mewn – ond yn hollol anaddas ar gyfer y tywydd. Rhaid cyfaddef i mi ei gwerthu pan gyrhaeddais adref, ond byddai'n siŵr o gael ei disgrifio fel *vintage*, ac yn ffasiynol iawn, erbyn hyn.

Roedd y daith nesaf tua'r gorllewin ac wedyn i'r de trwy wlad Groeg ac i lawr i Athen. Erbyn hyn ro'n i wedi dod i arfer yn well efo'r gwres, oedd yn cyrraedd tua 40 gradd Celsiws y rhan fwyaf o'r amser, a ninnau'n aros mewn gwersylloedd eitha cyntefig heb hyd yn oed oergell. Pleserau syml ieuenctid!

Yn Athen cawsom gyfle i ymweld â'r Parthenon a'r Acropolis, ac yn ystod ein taith yn ôl adref drwy Ogledd Macedonia, Serbia, Croatia, a Slofenia, a thrwy Trieste yn ôl i ogledd yr Eidal, cawsom siawns i ymweld â Fenis. Cawsom deithio'r ddinas ar y dŵr, ac mi wnes i wirioni ar y crefftwyr gwydr. Roedd eu gweld yn trin y gwydr gor-boeth, gan ei chwythu'n fedrus, yn codi braw ac edmygedd. Roeddwn awydd prynu eu cynnyrch, ond doeddwn i ddim yn meddwl ei bod yn ddoeth ceisio cario peth mor fregus adref yn y bws mini mewn bag tila!

Mae llawer o bobl yn caru Fenis, ond i mi a 'nhrwyn sensitif, roedd yr hogle o'r camlesi'n frwnt, a doeddwn i ddim yn rhy hoff o'r lle. Er gwaethaf hyn, ro'n i'n gwerthfawrogi'r cyfle ro'n i'n ei gael i deithio mor eang, ac yn teimlo'n eithriadol o lwcus o brofi'r holl lefydd adnabyddus, yr amrywiaeth o ddiwylliannau a thraddodiadau. Roedd hi'n chwip o antur! Mi ges i chwe wythnos ffantastig yn y bws mini yng nghwmni cyddeithwyr cymysg eu natur, ac ar ôl cyrraedd adref dechreuais feddwl am yr antur nesaf.

Y flwyddyn ganlynol, ymunodd fy ffrind Liz Reid â fi i deithio i lawr i'r Riviera yn ne Ffrainc, yn fy nghar mini bach annwyl. Un o Gilgwri oedd Liz, ac roedd y ddwy ohonon ni yng Ngholeg Amwythig efo'n gilydd. Fi oedd yn gyrru a hi oedd y nafigetor – wel, am hwyl, a finne'n manteisio ar y cyfle i ddefnyddio fy Ffrangeg Lefel O gorau.

Roedd yn rhaid i mi dalu mwy o sylw i'r lôn ac edrych llai ar y golygfeydd wrth deithio y tro hwn, ac aros ar yr ochr gywir i'r ffordd! Roedd gyrru trwy Baris yn haws na'r disgwyl, ac os o'n i'n mynd ar goll, mi ddysgais yn reit handi mai anelu am 'Centro' y dref neu'r ddinas oedd y peth gorau i'w wneud, a gofyn i un o'r Gendarme am gyfarwyddiadau.

Cymerais y prif ffyrdd llydan a syth i gyfeiriad y de er mwyn sicrhau na fuasen ni'n mynd ar goll. Roedd y profiad yn dra gwahanol i yrru ar hyd lonydd bach cefn gwlad ardal Cynwyd, a thyfodd fy hyder y tu ôl i'r llyw. Gyrrais y Mini bach i gyfeiriad Avignon a Marseille, prif borthladd Ffrainc ar arfordir Môr y Canoldir, gan brofi prysurdeb a bwrlwm anferthol y lle cyn symud ymlaen i'r Riviera ei hun. Roedd St Tropez, ddaeth yn adnabyddus yn y chwedegau drwy ymweliadau gan enwogion fel Brigitte Bardot, yn lle bach tlws ac yn anhygoel o smart, yn bennaf oherwydd y siopau drud. Y syndod mwyaf, efallai, oedd y tywydd – braidd yn gymylog oedd hi, ac anarferol o oer, ac mae gen i lun o Liz yn gwisgo siwmper bolo-nec drwchus. Cannes ddaeth nesaf, a'i gwestai mawreddog ger y promenade, wedyn Antibes ac ymlaen i Nice ar hyd y Promenade des Anglais. Roedden ni'n cael edmygu'r gwestai moethus a chrand, ond yn anffodus gwersylla oedden ni, a hynny gyda chyfleusterau reit sylfaenol.

Pennod 4

Ar ôl cael mwynhau, roedd yn rhaid dod adref a meddwl am fy ngham nesaf: gwaith neu yrfa. I fod yn onest, wnes i erioed roi fy mryd ar un yrfa benodol. Ro'n i'n gwybod y byddai'r cwrs yn Radbrook yn help i mi gael cymwysterau ym myd busnes a dysgu dipyn am sut roedd y byd yn gweithio, ond doedd gen i ddim cynllun mawr. Polymath ydw i, wastad yn meddwl am y darlun mawr yn hytrach na'r manylion – mi ddewch i weld hyn wrth ddarllen ymhellach!

Fy ffrind coleg, Margaret, wnaeth fy annog i ymgeisio am swydd fel Rheolwr Gofal Cartref yn Wrecsam gan ei bod hi'n gwneud swydd debyg yn Lloegr. Roedd y swydd o fewn Gwasanaeth Gofal Cymdeithasol Wrecsam yn Cunliffe House, Ffordd Rhosddu. Taniodd yr awgrym hwnnw gan Margaret fy nychymyg – ro'n i'n hoffi'r syniad o helpu pobl, a chawsom sgwrs ddiddorol am y gwaith roedd hi'n ei wneud yn Lloegr. Roedd y swydd yn cynnwys elfen gref o reoli busnes, yn debyg i'r cwrs ro'n i newydd ei gwblhau, ac ro'n i'n mwynhau hynny. Roedd hefyd yn golygu y byddwn i'n rheoli tîm o ofalwyr oedd yn darparu gwasanaeth hanfodol i bobl (yr henoed, gan fwyaf) yn y gymuned, sef tref Wrecsam a'r ardal i'r dwyrain a elwir yn Maelor, tua'r ffin â Lloegr.

Cefais gyfweliad llwyddiannus ac ymunais â'r tîm o dan oruchwyliaeth ddeallus Janet Handley, Prif Reolwr ardal Wrecsam, oedd yn rhan o Sir Clwyd.

Cefais y gwaith yn ddiddorol dros ben. Fy nghyfrifoldeb i oedd rheoli tua hanner cant o staff, gan gynnwys eu cyfweld, gosod a rheoli eu hamserlenni dyddiol, sicrhau eu bod yn cael eu talu'n iawn, trefnu ac amserlennu eu gwyliau a datrys unrhyw broblemau. Roedd angen i mi fod yn gallu rheoli cyllideb dynn, a meddu ar dipyn o gydymdeimlad yn ogystal â sgiliau cyfathrebu. Ar ôl gweithio yng ngwesty Owain Glyndŵr yn Nghorwen tra oeddwn i'n fyfyriwr, ro'n i'n gyfarwydd â gweithio mewn tîm, a bod yn drefnus ac effeithlon, felly setlais i mewn i fyd gwaith llawn amser yn reit rhwydd. Elfen arall o'r gwaith oedd asesu anghenion tua phum cant o unigolion hŷn neu anabl, gan ddarparu gwasanaeth personol iddynt gan y gofalwr mwyaf addas oedd ar gael yn lleol. Gellir dadlau bod y gofal a gâi ei ddarparu yn llawer gwell bryd hynny nag y mae heddiw (o 'mhrofiad personol i mae hyn yn wir) ac roeddwn yn cydlynu ag asiantaethau eraill i wneud yn siŵr fod y cymorth cywir ar gael cyn gynted â phosibl: help personol, help o gwmpas y tŷ, cefnogaeth i siopa a galw'r meddyg ac ati. Ro'n i hefyd yn trafod gyda gweithwyr cymdeithasol a therapyddion galwedigaethol. Roedd angen i mi ymweld â phobl fregus yn eu cartrefi yn aml er mwyn deall yr heriau oedd yn eu wynebu o ddydd i ddydd, a hynny ar fy mhen fy hun, a rhannu gwybodaeth am yr unigolion yn ein gofal efo meddygon, asiantaethau eraill ac ati, ar raddfa ehangach na'r hyn sy'n digwydd heddiw. Yn hyn o beth mae'r ddeddf diogelu data wedi arafu'r broses o sicrhau cymorth i oedolion bregus, gan nad oes modd codi'r ffôn mor rhwydd.

Pan o'n i'n dechrau gweithio doedd dyfeisiadau fel cyfrifiaduron, ffonau symudol a llywiwr lloeren ddim ar gael i ni, felly roedd angen dipyn o synnwyr cyffredin, y gallu i fod yn drefnus, a sgiliau darllen map! Ydych chi'n cofio'r car Mini bach hwnnw y gwnes i ei yrru i lawr i'r Riviera yn ne Ffrainc? Yn hwnnw ro'n i'n gyrru, ffwl pelt, ar hyd a lled fy mhatsh!

Roedd gen i lot o egni, a doeddwn i ddim ofn lluchio fy hun i mewn i'r gwaith, felly mi setlais i mewn yn dda iawn. Dim ond yn fy ugeiniau cynnar o'n i, a gweddill y staff yn lot hŷn na fi – yn cynnwys rhai o'r bobl ro'n i'n eu rheoli – ond doedd hynny ddim yn fy mhoeni gan 'mod i wedi cael fy magu i siarad yn gwrtais efo pobl o bob math. Un elfen o'r gwaith oedd yn fy mhoeni – roedd rhai llefydd ro'n i'n ymweld â nhw yn fudr ofnadwy, efo cŵn peryglus o gwmpas, ac ro'n i'n teimlo 'mod i'n cymryd risg ofnadwy yn mentro i'r fath lefydd fy hun, heb fath o ffordd o gysylltu â neb petai argyfwng.

Erbyn hyn, roedd yn hen bryd i mi chwilio am dŷ bach twt yn agos i'r gwaith, i hwyluso rhywfaint ar fy mywyd. Ar ôl gadael y coleg ro'n i wedi symud yn ôl i fyw adref ar fferm Gwnodl Fawr yn Nghynwyd, ac yn nes ymlaen symudais i dŷ lojin yn Wrecsam. Roedd Mam a Dad yn hapus 'mod i'n aeddfedu ac yn awchu am annibyniaeth, ond a bod yn onest roedd fy mywyd yn dra gwahanol i'r hyn roedden nhw'n ei ddychmygu. Ro'n i'n rhy brysur o lawer i wneud lot o gamfihafio a mynd i glybiau a thafarnau ac ati, gan 'mod i wedi dechrau mynd i ddosbarthiadau ioga, Eidaleg ac Almaeneg – ac wrth gwrs, ro'n i'n mynd adref bob hyn a hyn i weld Mam a Dad. Roedd Wrecsam yn lle eitha cyfforddus ar y pryd efo siopau smart a chaffis derbyniol iawn, felly roedd yn dref wych i rywun ifanc ymgartrefu.

Cyn hir, mi welais dŷ bach ro'n i am ei brynu. Wel, am sioc oedd y profiad o geisio cael morgais! Doeddwn i erioed wedi gwneud dim mor heriol a thrafferthus o'r blaen. Ro'n i'n ferch sengl yn fy ugeiniau cynnar, a doedd pobl fel fi ddim, fel arfer, yn meiddio ystyried prynu tŷ yn y saithdegau cynnar! Doedd y banciau ddim am roi morgais i ferch ddibriod ar chwarae bach, ac ro'n i'n gweld y broses o'u hargyhoeddi y gallwn fforddio'r taliadau misol yn hollol sarhaus a chwerthinllyd. Yn y pen draw, gan y Nationwide ges i'r arian, ac o'r diwedd, dyma fi'n symud i Spring Road, Wrecsam. £4,500 oedd pris y tŷ, ac yn ogystal â thalu'r morgais ro'n i, am y tro cyntaf, yn gyfrifol am daliadau treth y Cyngor, trydan, dŵr a hanfodion fel bwyd. Er bod y biliau hyn yn gyfran lawer llai o fy nghyflog nag y bydden nhw i bobl ifanc heddiw, penderfynais chwilio am lojar i helpu gyda'r biliau, o dan y drefn gyfreithlon o osod stafell sbâr.

Tŷ teras tair llofft ar ben rhes oedd o, efo rhosod o'i flaen a gardd digon o faint i dyfu llysiau yn y cefn, gwta bum munud o 'ngwaith. Diolch byth, roedd o mewn cyflwr eitha da, a chefais help amryw o ffrindiau'r teulu i beintio, a gofynnais i dad un o'm ffrindiau adnewyddu'r system drydanol.

Roedd hwn yn gyfnod cyffrous ac yn ddechrau ar bennod newydd yn fy mywyd, ond ro'n i wedi gorfod tyfu i fyny'n reit ifanc, ar ôl mynd i ffwrdd i Ysgol Towyn yn un ar ddeg oed, felly ro'n i'n teimlo'n hyderus 'mod i wedi gwneud y penderfyniad cywir. Setlais i mewn i 'nghartref newydd, er nad oeddwn i'n treulio llawer iawn o amser yno! Ro'n i yn y gwaith bob dydd, wrth gwrs, ac yn mynd i wersi amrywiol bron bob nos yn Wrecsam ac yng Nghaer, gan fod gen i awch am ddysgu.

Un noson, daeth dyn eitha diddorol i'm gwers Eidaleg – roedd o'n olygus, yn beniog ac yn alluog, ac wrth i ni drafod manylion ein bywydau (yn ein Eidaleg gorau) daeth yn amlwg ei fod yn gyfarwydd ag ardal Cynwyd. Derek Burnham oedd ei enw, ac wrth i ni ddechrau siarad mi ddois i ddarganfod bod ei deulu'n arfer dod ar wyliau i Felin Ucha, ar y ffordd uchaf allan o'r pentref, pan oedd o'n ifanc. Yn tydi'r byd yn fach?

Dechreuodd Derek a finne ganlyn, a dechreuais ddysgu mwy amdano. Un o Lerpwl oedd o'n wreiddiol, ac erbyn hynny'n byw yng Nghaer ac yn gweithio ym Manceinion, yn gyfarwyddwr yng nghwmni Dunlop. Cyn hynny, ar ôl ennill gradd meistr yn Rhydychen, aeth i weithio ym manc Martins fel Archwiliwr, ond roedd ei fryd ar weithio i gwmni gweithgynhyrchu ac ymunodd â chwmni teuluol Pilkingtons yn St Helens.

Roedd ein teuluoedd yn hapus o glywed ein bod yn canlyn, ac ym Mehefin 1975, ar ôl dyweddïo, mi brynon ni dŷ smart yn Hale, yn ne Manceinion. Ro'n i'n teimlo'n gyffrous ac yn nerfus ynglŷn â phriodi Derek, ond yn hyderus y bydden ni'n cael bywyd braf efo'n gilydd. Dechreuais edrych ymlaen at ein bywyd newydd.

Gofynnais i berson lleol wneud fy ffrog briodas o'm cynllun i fy hun, ac aeth Derek a finne i brynu'r defnydd yn Lerpwl. Rhywun lleol wnaeth y gacen hefyd, a Mam a Dad drefnodd bopeth ynglŷn â'r gwasanaeth. Felly, ar 23 Awst 1975, priodais Derek mewn gwasanaeth syml yng nghapel Methodist Bethel, Cynwyd, efo fy chwaer yn forwyn briodas i mi a 'mrawd a chefnder Derek yn dywyswyr. Roedden ni wedi gwahodd tua 90 o westeion, yn deulu a ffrindiau. Un peth aeth o'i le ar y diwrnod – roedd angen i ni gael cofrestrydd yn bresennol yn y seremoni yn ogystal â'r gweinidog, ac roedd hi awr yn hwyr yn cyrraedd gan iddi gael ei dal yn nhraffig Gŵyl y Banc ar ei ffordd o'r Wyddgrug. Cofiwch nad oedd ganddon ni syniad ble oedd hi, na beth oedd o'i le, gan nad oedd modd iddi gysylltu â ni yn y capel! Cawsom ddathlu wedyn efo gwledd briodasol ar y fferm, gyda digon o siampên a wisgi (yn benodol i'r ffermwyr), a bwyd blasus, cartrefol.

Bren, fi, y gweinidog a Dad ar ddiwrnod ein priodas, 23 Awst 1975, yn aros am y cofrestrydd

43

Brenda, fy chwaer, oedd fy morwyn briodas

Ein teuluoedd

Dwi wrth fy modd efo'r llun yma!

Mr. and Mrs. MEIRION ROBERTS

request the pleasure of the company of

....

at the Marriage of their daughter

ELEANOR WHITE ROBERTS

to

Mr. DEREK WILLIAM LAWRENCE BURNHAM

at

Bethel M.C. Chapel, Cynwyd

on Saturday, 23rd August, 1975

at 12 noon

and afterwards at Gwnodl Fawr

Gwnodl Fawr, Cynwyd,   R.S.V.P. by

Corwen, Clwyd.   July 31st

Y gwahoddiad priodas

Drannoeth, cawsom drên o Gaer yr holl ffordd i Mittenwald yn ne'r Almaen i dreulio mis mêl bendigedig yn cerdded ac yn ymarfer fy Almaeneg llafar. Cawsom dywydd delfrydol i heicio cyn symud i Koblenz, lle mae afonydd Moselle a Rhine yn cyfarfod. Llwyddais i ddefnyddio fy Almaeneg bratiog i sicrhau gwell stafell i ni, oedd â golygfa wych dros yr afon, cyn i ni dreulio wythnos arall hyfryd yn teithio ar y trên i Cologne a Bonn.

Fel rydych chi wedi dysgu erbyn hyn, dwi'n hoff iawn o deithio, a flwyddyn yn ddiweddarach, yn 1976, ro'n i wrth fy modd pan gawson ni wahoddiad gan fy nghefnder, Peter Hope Jones, i ymweld â fo yn Ynysoedd Orkney ym mhen uchaf yr Alban. Roedd Peter yn adnabyddus yn y byd adarydda, ac yn gwneud gwaith ymchwil arloesol ar y pryd am effaith andwyol olew tanwydd, oedd yn colli o danceri i'r moroedd, ar adar. Roedd Peter yn ddyn galluog ac amyneddgar oedd yn barod i eistedd efo'i delesgop a'i dripod am oriau maith yn astudio a chyfri adar a chofnodi eu symudiadau, ym mhob tywydd.

Aethom i ymweld â fo ym mis Mehefin, sef amser magu'r cywion ar glogwyni serth yr ynysoedd, gan deithio efo Motor Rail o Crewe i Inverness. Golygai hyn roi'r car ar y trên dros nos, a chysgu nes i ni gyrraedd Inverness fore trannoeth. Roedd y daith mor hwylus – gresyn nad oes gwasanaeth tebyg iddo heddiw ar draws Prydain. Gyrru wnaethon ni wedyn i'r gogledd ar ffyrdd hynod o gul i ddal y fferi o Scrabster ger Thurso drosodd i Stromness yn ne-orllewin ynys Orkney, ac ymlaen i gartref dros dro Peter. Roedd o'n lletya dros gyfnod ei ymchwil yn Scapa Flow, mewn hen ysbyty a ddefnyddiwyd yn ystod yr Ail Ryfel Byd i gadw'r ardal yn ddiogel o bresenoldeb yr Almaenwyr.

Pennod 5

Ro'n i'n drist wrth adael Wrecsam, ond roedd yn naturiol i ni symud yn nes at waith Derek ym Manceinion. Penderfynais werthu fy nhŷ bach twt oherwydd doedden ni ddim yn rhag-weld y buasai'n hawdd i ni edrych ar ôl y lle petaen ni'n ei rentu allan. Roedd yn rhaid i mi hefyd feddwl am chwilio am swydd newydd gan na allwn deithio bob dydd o Hale i Wrecsam ac yn ôl. Ymhen dim cefais swydd debyg i'r un ro'n i'n ei gwneud yn Wrecsam – y tro hwn i Wasanaethau Cymdeithasol Trafford, yn ne Manceinion. Roedd y swydd hon yn llawer mwy heriol gan fy mod yn gofalu am tua thri chant o staff a miloedd o gleientiaid bregus – rhaid i mi gyfaddef fod y niferoedd hyn wir yn codi braw arnaf erbyn hyn, o feddwl yn ôl.

Eto, mwynheais y gwaith heriol hwn yn fawr iawn – fel y gwnes i ganfod yn Wrecsam, roedd darpariaeth gymunedol yma hefyd yn hanfodol i wella effeithlonrwydd y Gwasanaeth Iechyd. Mae'n rhaid i gleifion a phobl fregus gael gofal addas yn y gymuned neu yn eu cartrefi yn dilyn triniaeth neu gyfnod mewn ysbyty, a dyna sydd ar goll y dyddiau hyn ar ôl cau cynifer o ysbytai lleol a chymunedol.

Unwaith eto, roedd y Mini bach yn mynd â fi o gwmpas Manceinion – erbyn hyn roedd gen i gopi o *A to Z* y ddinas hefyd – a dechreuais ar fy swydd newydd. Gwelais o'r dechrau un nad oedd digon o staff cynorthwyol i gyflawni'r gwaith yn ddigonol gan fod dalgylch fy mhatsh – o Old Trafford yn y gogledd i lawr i Stretford a Sale – yn enfawr. Gweithiais yn ddiwyd, gan ysgrifennu adroddiadau manwl i'r prif weithredwr yn esbonio'r sefyllfa anghynaladwy o safbwynt y staffio, ac ar ôl peth anhawster enillais fy mrwydr, a chawsom amryw o staff ychwanegol. Sylweddolais mai dyna oedd yn fy ngwneud yn hapus: gwneud y pethau bychain, fel petai, i helpu pobl i gael gwell bywyd. Byddai mwy o gymorth cymdeithasol fel ro'n i a'r tîm yn ei gynnig yn wych petai ar gael heddiw, i gael pobl allan o'r ysbytai a lleihau'r pwysau cynyddol sydd ar ein hysbytai. Tydw i erioed wedi deall pam nad ydi'r bobl fwyaf pwysig a dylanwadol ym myd iechyd ac awdurdodau lleol yn edrych ymhellach na'u trwynau, a gweld yr hyn oedd yn hollol blaen i mi ar ôl cyflawni'r gwaith hwn yn y 1970au.

Yn y cyfamser roedd Derek yn gyfarwyddwr yng nghwmni Dunlop ym Manceinion, ac yn gweithio'n galed gan deithio tipyn go lew, yn cynnwys dramor, yn rhinwedd ei swydd.

Mi ges inne fynychu sawl achlysur, a phrofi nifer o brofiadau pleserus yn ei sgil. Cofiwch, roedd llawer o ddigwyddiadau llai pleserus hefyd, megis ciniawau diflas lle ro'n i'n eistedd ar ben y bwrdd wrth ymyl rhywun di-sgwrs, ond gan 'mod i'n nabod lot o bobl ac yn barod iawn i sgwrsio efo unrhyw un, ro'n i fel arfer yn medru pasio'r amser. Ro'n i'n gorfod cael ffrogiau a gwisgoedd crand ar gyfer y digwyddiadau hyn – roedd gen i nifer o ffrogiau ers fy nyddiau coleg, ond yn ogystal roedd dynes o Owrtyn yn gwneud dillad yn arbennig i mi, gan 'mod i'n hoffi bod chydig yn wahanol. Mae bod yn smart yn bwysig i mi, ond yn fy ffordd fy hun, yn hytrach na dilyn ffasiwn.

Yn ystod y cyfnod hwnnw roedd Dunlop yn cefnogi amryw o achlysuron a digwyddiadau gwahanol, a phan oedd y cwmni'n noddi pencampwriaeth Wimbledon yn 1978 cafodd Derek a finne docynnau i'r Cwrt Canol, y prif gwrt. Wel, am ddiwrnod bythgofiadwy. Aethom ar y trên i Lundain ar ddiwrnod crasboeth o haf – yn anffodus, doeddwn i ddim yn teimlo'n dda iawn y diwrnod hwnnw ond ar yr un pryd ro'n i'n benderfynol o fwynhau'r profiad. Doedd y lle ddim mor fawr ag y mae heddiw, a doedd dim to ar y prif gwrt, ond roedd pobl yn gwisgo'n llawer mwy smart nag y maen nhw erbyn hyn.

Gwelsom nifer fawr o sêr tenis y dydd – roedd llai o boeni bryd hynny am ddiogelwch personol, felly roedden nhw'n cerdded yn reit naturiol yn ein mysg. Cawsom y cyfle i weld Jimmy Connors a Chris Evert yn chwarae dau chwaraewr llai adnabyddus, ac roedd y mefus a'r hufen, a'r siampên, yn fendigedig! Mi wnaeth Bjorn Borg guro Jimmy Connors yn ddiweddarach yn y bencampwriaeth, a Martina Navratilova enillodd gystadleuaeth y menywod y flwyddyn honno.

Yn 1978 cafodd Derek ddyrchafiad i fod yn gyfrifol am ran arall o gwmni Dunlop, a hynny ar stad ddiwydiannol yn Wrecsam. Golygodd hynny fod angen i ni symud yn ôl i'r ardal, rhywbeth ro'n i'n edrych ymlaen ato gan 'mod i wedi ymgartrefu'n dda yn Wrecsam pan oeddwn yn byw yno rai blynyddoedd yn gynharach, ond teimlais beth tristwch hefyd o orfod gadael fy swydd yn Trafford gan 'mod i'n mwynhau'r gwaith a'r gwmnïaeth yno. Ond hei ho, rhaid oedd symud ymlaen i'r antur nesaf.

Ar ôl dipyn o chwilio daethom o hyd i dŷ delfrydol, efo dipyn go lew o ardd, ar gyrion pentref Rossett, rhwng Wrecsam a Chaer. Erbyn hyn roedd Derek a finne'n gobeithio dechrau teulu felly wnes i ddim chwilio am swydd newydd, ond yn y cyfamser roedd digon i'w wneud: gwaith tŷ, garddio a chefnogi Derek drwy groesawu gwesteion i'n cartref, nifer ohonynt yn dod o wledydd tramor.

Roedd disgwyl i mi fod yn bresennol mewn llawer o wahanol achlysuron yn ymwneud â'i waith, fel ciniawau Dolig a dyddiau hwyl yn yr haf. Roedd bod yn *corporate wife* yn ddyletswydd, yn anrhydedd ac yn dipyn o hwyl – a dweud y gwir, roedd yn swydd ynddo'i hun. Ro'n i hefyd yn gofalu am rieni Derek ac yn gwirfoddoli efo'r NCPCC.

Yn ychwanegol i'r digwyddiadau o fewn y cwmni, roedden ni'n cael ein gwahodd i amryw o ddigwyddiadau ffurfiol yn ymwneud â'r Cyngor a chwmnïau mawr lleol eraill. O ganlyniad, mi ddaethon ni i deimlo'n gartrefol yn yr ardal yn sydyn iawn, a gwneud dipyn o ffrindiau. Roedd Derek yn mwynhau ei waith, gan deimlo fod arwain y cwmni fel arwain teulu o weithwyr lleol croesawgar a ffyddlon. Roedd yn adnabod pawb o'i staff ac yn aml âi i'r ffatri i sgwrsio efo'r staff oedd yn gweithio'r shifft nos, er mwyn gwneud iddynt deimlo'n rhan allweddol o'r cwmni. Teimlais inne hefyd yn rhan o'r teulu, ac roedd yn fraint cefnogi Derek.

Ganwyd Delia yn 1980 ac mi ges i amser braf yn gofalu amdani a dod i'w hadnabod, heb orfod poeni'n ormodol am fynd allan i weithio'n syth. Roedd ein rhieni wrth eu boddau, ond gan eu bod nhw yn eu chwedegau hŷn a'u saithdegau, doedden nhw ddim mor abl i redeg o gwmpas nac mor heini â rhywun yr un oed heddiw. Ro'n i'n falch pan anwyd hi gan i mi fod yn sâl drwy fy meichiogrwydd, yn methu bwyta'n iawn na chysgu, ac erbyn diwedd y naw mis ro'n i'n teimlo fel petai'r cyfan fel rhyw gylch dieflig. Ond wnaeth pethau ddim gwella ar ôl y geni, a dechreuais deimlo'n anfodlon gadael y tŷ – roedd o fel math o OCD, dwi'n meddwl. Aeth popeth yn drech na fi, ac mi ddechreuais deimlo'n isel iawn, teimlad a ddatblygodd yn iselder ôl-eni reit ddifrifol. Ches i ddim llawer o gefnogaeth gan y meddygon welais i – doedd dim cymaint o wybodaeth am y cyflwr bryd hynny, ac roedd 'problemau merched' yn cael eu hanwybyddu, i bob pwrpas. Doedd neb yn siarad am y cyflwr, a doedd 'run meddyg teulu benywaidd sympathetig yn lleol i mi fynd ati. Wrth feddwl yn ôl, doedd gan y doctoriaid ddim llawer o amynedd efo fi ac roedd disgwyliad y dylen i dderbyn popeth yn dawel. 'Get on with it,' dyna oedd y farn broffesiynol ar y pryd.

Doedd y ffaith 'mod i'n wraig i ddyn busnes prysur ddim yn help, gan fod disgwyl i mi ddangos wyneb hapus i'r byd – *best foot forward*, fel petai. Roedd Derek yn ddyn traddodiadol: oedd, roedd o'n cydymdeimlo, ond roedd o'n brysur ac yn teithio lot felly doedd o ddim yn gallu rhoi cymaint â hynny o gefnogaeth i mi. Ond dwi'n cyfrif fy hun yn lwcus iawn – mae llawer o bobl yn ei chael hi'n waeth na fi.

Teimlais fod cadw'n brysur yn llesol, a wnes i ddim trafod fy anawsterau efo neb, heblaw un neu ddwy o'm ffrindiau agos. Ro'n i'n dal i fynd efo Derek i'r holl ddigwyddiadau yr oedd disgwyl iddo'u mynychu yn rhinwedd ei swydd, ac mae gen i gof o wthio Delia yn ei choets anferth, hen ffasiwn, o gwmpas cwrs golff Woburn yn ystod cystadleuaeth arall, eto fyth, oedd yn cael ei noddi gan Dunlop.

Dair blynedd yn ddiweddarach, yn 1983, ganwyd Edward. Unwaith eto, mi wnes i fwynhau bod adref yn ei fagu, ond roedd Derek yn dal i deithio'r byd efo'i waith felly doedd bywyd ddim yn fêl i gyd. Daeth yr iselder yn ei ôl – mae'n debyg nad o'n i'n cael digon o gwsg ac roedd dipyn o gyfrifoldeb arna i rhwng y teulu, y tŷ, yr ardd a'r gwirfoddoli, felly efallai fod y ffaith fod gen i ormod ar fy mhlât wedi bod yn ffactor.

Cafodd Derek, eto yn rhinwedd ei swydd, gyfle i fynychu confensiwn yn Los Angeles yn Chwefror 1989, pan oedd y plant yn naw a chwech oed. Mae'r Americanwyr yn arfer gweld pobl fusnes yn dod â'u teuluoedd efo nhw pan fyddan nhw'n teithio dramor, felly mi fanteision ni ar y cyfle i gael gwyliau teuluol. Roedden ni'n hedfan o Fanceinion i Amsterdam, ac ymlaen dros begwn y gogledd. Pan oedden ni dros yr Ynys Werdd cawsom ymweld â'r capten yn y cocpit – fusasai neb yn cael gwneud hyn bellach, dwi'n siŵr, ar ôl popeth sydd wedi digwydd yn y byd o ran terfysgaeth ac ati, ond roedd yn gyfle unigryw a chyffrous i graffu rhywfaint ar yr ia a'r oerfel islaw. Ar ôl hynny daeth arfordir gorllewin America i'r golwg, a glaniodd yr awyren yn saff yn Los Angeles.

Arhosom gerllaw gwesty'r Marriott, lle roedd y gynhadledd yn cael ei chynnal, a chawsom hwyl fawr yn cyfarfod y teuluoedd eraill. Roedd y plant eraill yn help mawr i ddiddanu Delia ac Edward pan oedd angen, fin nos, a bu i'r ddau wirioni pan gawsant, am y tro cyntaf yn eu bywydau, archebu pizza têc-awê yn eu llofft! Pan oedd Derek a'i gydweithwyr yn brysur yn gweithio, roedden ni'r gwragedd a'r plant yn mynd ar dripiau mewn bws i lefydd fel Disneyworld, sef y parc cyntaf i'r cwmni ffilmiau ei adeiladu.

Roedd Disneyworld yn agoriad llygad i ni i gyd – doedden ni erioed wedi gweld dim byd tebyg o'r blaen – a chafodd y plant flas anhygoel ar y lle, oedd fel carnifal anferth efo cymeriadau Disney'n cerdded o gwmpas yn cyfarch a sgwrsio efo'r plant. Wrth gwrs, roedd reidiau di-ri i fynd arnyn nhw, a chan fod ambell un ohonyn nhw'n reit frawychus ro'n i'n falch iawn pan gynigiodd y plant hŷn oedd efo ni dywys a gwarchod Delia ac Edward er mwyn i mi allu osgoi'r gwaethaf ohonyn nhw.

Bu i ni ymweld ag Universal Studios hefyd, lle gwelsom set y ffilm boblogaidd *Jaws*, a chawsom sefyll ar fwrdd oedd yn dynwared daeargryn trwm. Roedd hwnnw'n brofiad od, yn enwedig gan i ddaeargryn go iawn (un bychan!) daro Wrecsam ar ôl i ni gyrraedd adref.

Yn ddiweddarach yr haf hwnnw cawsom ail antur, yn dilyn gwahoddiad gan asiant i gwmni Derek yn Norwy i ymweld â fo a'i deulu. Penderfynodd Derek a finne yrru draw, gan deithio ar y fferi o Hull i Bergen ar arfordir gorllewinol Norwy. Ro'n i wedi gyrru dramor o'r blaen, wrth gwrs, yn dilyn fy nhaith i lawr i dde Ffrainc, ond roedd gyrru yn Sgandinafia yn dra gwahanol – roedd y ffyrdd yn syth ac yn ddistaw, a neb o gwmpas i roi cyfarwyddiadau i ni petaen ni'n digwydd mynd ar goll.

Yn ffodus, bu i ni gyrraedd cartref ein gwesteiwyr mewn da bryd a setlo i mewn i'r tŷ gwledig, oedd yn debyg i *chalet* cyfforddus. O'i gwmpas roedd aceri o dir, llyn dipyn o faint a choedwig oedd yn f'atgoffa o straeon

Gwyliau yn Norwy, 1989

Swallows and Amazons Arthur Ransome. Wrth gwrs, roedd y plant wrth eu boddau yn cael chwarae a rhedeg yn rhydd, yn enwedig gan fod plant y teulu yn agos iawn iddyn nhw o ran oedran.

Pennod 6

Yn 1984, pan oedd y plant yn dal yn fach a finne'n dechrau dod dros fy iselder, penderfynais ddilyn cwrs galwedigaethol mewn aromatherapi. Roedd gen i ddiddordeb mewn therapïau iechyd amgen, ac ro'n i hefyd angen rhywbeth i'w wneud – rhywbeth hollol wahanol, na fyddai'n lot o strach. Roedd yr awydd i ddysgu yn dal yn gryf yndda i, a chredais y buasai astudio cwrs diddorol fel hwn, cwrs oedd yn apelio ata i am resymau personol, yn fy mharatoi ar gyfer cwrs mwy academaidd yn y dyfodol. Fel mam i blant ifanc ro'n i'n dechrau teimlo 'mod i wedi esgeuluso fy hun ac anghofio am fy natblygiad personol ers blynyddoedd, a 'mod i angen gwneud rhywbeth jyst i mi.

Y plant yn 1985

54

Gyrfa Derek oedd wedi bod yn bwysig ers i ni symud o Fanceinion, a do'n i ddim yn teimlo y byddwn i'n fodlon yn parhau'n wraig tŷ drwy 'mywyd. Felly, antur arall amdani.

Hanfod aromatherapi ydi defnyddio natur i helpu iechyd a lles, ac fel mewn cerddoriaeth mae 'na nodau uchel, canol ac isel i bob triniaeth. Mae'r driniaeth yn cael ei haddasu'n arbennig ar gyfer pawb yn unigol, ac mae'n unigryw i bawb. Yn ddiweddarach bu i mi ddechrau tiwtora pobl eraill yn y maes, ac er na wnes i erioed ymarfer y peth yn broffesiynol, dwi'n defnyddio'r technegau yn bersonol i drin gwahanol gyflyrau hyd heddiw, ac yn hoff iawn o drafod y maes.

Fi yn Llundain, 1985

Drwy'r cwrs aromatherapi mi wnes i orchfygu fy niffyg hyder ar ôl bod adref efo'r plant cyhyd, a llwyddo i sylweddoli fod bywyd newydd yn aros amdana i. Yn ddiweddarach, pan oeddwn i'n AC, roedd ambell un yn chwerthin ar fy mhen o glywed am yr holl gyrsiau ro'n i wedi'u cwblhau cyn dod i'r Cynulliad, gan wfftio mai 'dim ond aromatherapydd' oeddwn i. Ond dwi'n credu'n gryf fod y cyfan wedi ehangu fy ngorwelion a 'ngwneud i'n berson – a gwleidydd – gwell.

Fi tua 1990

EISTEDDFOD GERDDOROL GYDWLADOL LLANGOLLEN | LLANGOLLEN INTERNATIONAL MUSICAL EISTEDDFOD

1990

Tystysgrif Teilyngdod
Certificate of Merit

ENW NAME
Eleanor Burnham
CYSTADLEUAETH COMPETITION
Soprano Solo
SAFLE POSITION
Third

Y dystysgrif dwi mor falch ohoni

Roedd canu'n bwysig i mi ers blynyddoedd, ond fel y soniais o'r blaen ro'n i'n dioddef o ddiffyg hyder dybryd ar lwyfan, ac roedd nerfusrwydd yn effeithio ar fy ngallu i gofio geiriau caneuon, yn enwedig wrth gystadlu'n unigol.

Er hyn, penderfynais fynd amdani ar yr Unawd Soprano yn Eisteddfod Ryngwladol Llangollen yn 1990. Cefais sioc ar ôl y rhagbrawf: ro'n i wedi cael llwyfan! Llwyddais i berfformio ochr yn ochr â'r cyfeilydd arbennig Rona Jones, a gofalodd R. Alun Evans amdana i a'r cystadleuwyr eraill yn wych yng nghefn y llwyfan. Cefais fy ngosod yn y trydydd safle – uchafbwynt personol, heb os.

Ro'n i'n cael hyfforddiant lleisiol o bryd i'w gilydd ond ddim yn rheolaidd, a gwelais rywbeth yn y papur newydd un diwrnod am

*Canu anthemau Seland Newydd ac Awstralia i Faer a Maeres Caer
yn Eglwys Gadeiriol Caer, 2005*

gwmni Opera Canolbarth Cymru. Gofynnais a fuaswn i'n
cael ymuno â nhw, yn y corws i ddechrau, ac mi dderbynion
nhw fi. Mi ges i rannau bach mewn ambell gyngerdd gan
gynnwys un yn Gregynog, a'r *Messiah* un Nadolig yn eglwys
y Trallwng. Yn ddiweddarach, ges i gyfle i ganu yng
ngwasanaeth Arglwydd Faer Caer a'i Faeres y tu allan i
Gadeirlan Caer – fi gafodd yr anrhydedd o ganu anthemau
Seland Newydd ac Awstralia fel unawdydd, oherwydd
cysylltiadau'r Faeres â'r ddwy wlad.

Dwi wedi cario mlaen i ganu ers hynny, o bryd i'w
gilydd. Pan o'n i yn y Cynulliad gwahoddwyd fi i ganu
carolau ar raglen *Heno*, a drwy'r brifysgol yn Wrescam mi
ges i ganu *Hen Wlad Fy Nhadau* ar ddechrau gêm bêl-droed
menywod Cymru yn erbyn menywod Israel ar y Cae Ras yn
Wrecsam tua 2015, oedd yn brofiad anhygoel. Mae'n werth
nodi ei bod yn anodd iawn canu mewn stadiwm oherwydd
yr atsain sydd i'w glywed o'ch cwmpas, ond yn ôl fy
ffrindiau mi o'n i'n swnio'n iawn! Mi ges i gyfle hefyd i ganu
deuawd efo Rhys Meirion mewn digwyddiad elusennol

mewn sgubor ar fferm yn ochrau Llanfair Talhaearn – ro'n i'n crynu â nerfusrwydd ond yn falch o'r cyfle unigryw i ganu efo'r tenor anhygoel.

Ar ddechrau'r nawdegau cefais yr anrhydedd o gael fy enwebu'n Ynad Heddwch yn Wrecsam. Tom Lloyd, oedd yn gweithio i Derek yn Dunlop ac yn ustus ei hun, wahoddodd fi i roi fy enw ymlaen, ac ro'n i'n ei theimlo'n fraint. Swydd wirfoddol oedd hi, ac ar y pryd roedd yn rhaid cael gwahoddiad i ymgeisio i fod yn Ynad, yn hytrach na bod unigolyn yn gwneud cais i gael gwneud y swydd. Roedden nhw'n edrych am bobl ddeallus o wahanol rannau o'r gymdeithas, oedd â gwahanol brofiadau a chymwysterau, a'r nod i bob Mainc oedd cael cydbwysedd teg o fenywod a dynion, a chymysgedd o oedrannau a thueddiadau gwleidyddol.

Roedd angen i mi wneud penderfyniad yn reit sydyn, a gan y byddai'n annhebygol y cawn ail gyfle, derbyniais yr enwebiad. Ro'n i'n teimlo y dylwn i ehangu fy ngorwelion, gan mai'r unig beth ro'n i wedi'i wneud ers blynyddoedd, heblaw'r cwrs aromatherapi, oedd bod adref efo'r plant. Cefais nifer o gyfweliadau, gan gynnwys un gan Syr John Hanmer (fu'n Uwch Siryf a Dirprwy Raglaw Clwyd) ac un arall efo Cadeirydd y Fainc, a chynhaliwyd un o'r cyfweliadau hynny yn fy nghartref.

Yn anffodus, erbyn i mi gael yr enwebiad roeddwn eisoes wedi cofrestru ar gwrs gradd Anrhydedd mewn Busnes ym Manceinion. Roedd gen i benderfyniad anodd i'w wneud – parhau i astudio er mwyn gwella a diweddaru fy nghymwysterau, i 'ngalluogi i ailsbarduno fy ngyrfa gan fod y plant bellach yn ddeuddeg a naw, neu dderbyn y gwahoddiad unwaith mewn oes i fod yn Ynad Heddwch, rhywbeth ro'n i'n awyddus iawn i'w wneud. Roedd Derek a'r plant yn gefnogol iawn i mi, ac ar ôl trafod ac ystyried yn ddwys, penderfynais y gallwn wneud y ddau beth ar unwaith. Byddai hynny'n golygu gadael y tŷ tua hanner awr wedi chwech y bore sawl gwaith yr wythnos i deithio i'r brifysgol ym Manceinion, ymdopi â gofynion cwrs heriol dros ben, a hyfforddi i fod yn Ynad ar yr un pryd. Roedd y blynyddoedd nesaf am fod yn rhai heriol tu hwnt!

Roedd cael fy hyfforddi i fod yn Ynad Heddwch yn golygu eistedd yn y llys fel sylwebydd am oriau, cryn

Graddio o Brifysgol Met Manceinion

dipyn o hyfforddiant swyddogol ac, yn olaf, eistedd ar y fainc efo dau Ynad arall i feirniadu achosion. Roedd yr hyfforddiant yn cynnwys trafodaethau am y gyfraith, sut roedd y Llys yn gweithio, ac ambell ymweliad â gwahanol ganolfannau fel carchardai a chanolfannau cadw i droseddwyr ifanc.

Mae un ymweliad wedi aros yn fy nghof: ymweliad â charchar merched Styal, Swydd Caer. Profiad truenus oedd gweld yr uned i famau a babanod, ac ro'n i wedi fy synnu pan gefais glywed bod dynes oedd wedi llofruddio'i gŵr a'i gladdu o dan y patio yn yr ardd gefn, dan glo yn y carchar hwnnw. Os cofiwch chi, roedd stori debyg yn rhan o blot yr opera sebon *Brookside* – roedd honno wedi'i seilio ar achos anhygoel o drist y ddynes hon.

Roedd fy ymweliad â Charchar Walton yn Lerpwl hefyd yn gofiadwy. Carchar anferth i ddynion oedd hwn, o oes Fictoria, ac yma cefais y cyfle i eistedd mewn cell y tu ôl i ddrws caeedig er mwyn ceisio dychmygu sut deimlad fyddai cael fy nghaethiwo. Roedd yn brofiad brawychus ac anodd dros ben, ac ro'n i'n falch fy mod wedi cael profi'r fath beth oherwydd byddai gen i syniad wedyn, petawn yn gyrru rhywun i'r carchar, beth roedd hynny'n ei olygu go iawn i'r unigolyn.

Teimlais ei bod yn anrhydedd bod yn Ynad Heddwch, a hyd yn oed cyn dechrau o ddifri ar y gwaith gwyddwn y byddai'n brofiad anhygoel o bwysig i mi yn bersonol, ac un a fyddai'n amhrisiadwy wrth i mi feddwl am y dyfodol, yn enwedig wrth ystyried datblygiad fy ngyrfa. Fel y digwyddodd pethau, roedd y profiad yn eithriadol o ddefnyddiol pan wnes i ddechrau meddwl am sefyll fel Aelod Seneddol – roedd eistedd yn dawel a gwrando'n astud ar fanylder achosion am oriau maith yn sgil hollol angenrheidiol i'r ddwy rôl.

Swydd wirfoddol oedd gweinyddu fel Ynad, am ychydig ddyddiau bob mis, ac roedd gofyn i ni wisgo'n smart, heb unrhyw fathodyn nac addurn a fyddai'n dynodi ein bod yn perthyn i grŵp, sefydliad neu blaid. Hyd at y 1970au roedd menywod yn gwisgo hetiau ar y fainc, ac roedd amryw o luniau ohonynt ar furiau'r llysoedd i dystio i hynny.

Yn rhyfedd, tra oeddwn i ar y Fainc y gwnes i gyfarfod Aled Roberts, yr Aelod Cynulliad a ddaeth ar fy ôl i, am y tro cyntaf. Roedd o, ar y pryd, yn un o'r cyfreithwyr lleol a ymddangosai o'n blaenau i amddiffyn amryw o ddiffynyddion yr ardal.

Oherwydd fy ngwaith a 'mhrofiad fel Ynad Heddwch, dwi'n credu, y cefais wahoddiad i ymuno â phanel y tribiwnlys yn yr ysbyty meddwl yn Ninbych. Gwaith gwirfoddol tebyg i ofynion eistedd ar y Fainc oedd hwn, yn gweithio efo un person arall a chadeirydd i wrando ar achosion a gwneud penderfyniadau ynglŷn â gallu cleifion i ymdopi â bywyd bob dydd yn ôl yn eu cymunedau ar ôl gadael yr ysbyty. Unwaith eto, gwaith difrifol o anodd, ond pwysig a phellgyrhaeddol. Roedden ni'n delio efo pobl oedd wedi cael eu dwyn i mewn i'r ysbyty er eu lles eu hunain a lles eraill oherwydd salwch meddwl. Ar y panel roedd dau leygwr a chadeirydd, oedd yn seiciatrydd proffesiynol. Roedd yn debyg i fod ar y Fainc, ac roedden ni'n trafod ceisiadau'r rhai oedd yn dymuno cael eu rhyddhau dros dro neu yn barhaol. Daeth hyn i ben tua 1996 pan drawsnewidiwyd y ddeddf oedd yn delio â materion iechyd meddwl mewn ysbytai yn llwyr. O dan Lywodraeth Margaret Thatcher, caewyd yr ysbytai, a honwyd y byddai'r cleifion i gyd yn cael gofal yn eu cymunedau. Jôc llwyr, ac mae llawer o bobl sydd eisiau help heddiw yn ei chael hi'n anodd dod o hyd i gymorth addas. Dwi'n credu fod llawer o drychinebau'n digwydd mewn cymunedau hyd heddiw oherwydd diffyg cefnogaeth i bobl fregus i ddelio â phroblemau iechyd meddwl yn y gymuned.

Cwblheais y flwyddyn heriol yn y brifysgol ac ennill gradd anrhydeddus, a hynny ar yr un pryd â hyfforddi i fod ar y Fainc. Cymerodd yr hyfforddiant hwnnw chwe mis, cyn i mi hyd yn oed ddechrau eistedd i glywed achosion, ac roeddwn yn gorfod gwneud gwaith paratoi trylwyr.

Un o'r achosion cyntaf i mi ddod ar ei draws yn Llys Ynadon Wrecsam oedd achos dyn fu'n ymddwyn yn anweddus yn un o barciau'r dref. Ro'n i'n ymwybodol iawn o bwysigrwydd gwarchod menywod rhag ymddygiad fel hyn, wrth gwrs, ond ro'n i hefyd yn gwybod o brofiad y gallai problemau iechyd meddwl fod yn ffactor bwysig iawn yn ymddygiad y dyn oedd o flaen ei well. Mae potensial i rywun sy'n ymddwyn yn anweddus fel hyn ddatblygu i gyflawni troseddau llawer mwy peryglus os nad ydyn nhw'n cael y driniaeth a'r cefnogaeth iawn, ac mae'n anodd cael y balans rhwng cosb a chefnogaeth. Sicrhau'r balans cywir hwn oedd fy nhasg i. Wrth gwrs, mae agweddau tuag at broblemau iechyd meddwl wedi aeddfedu bellach, ac mae llawer mwy o bwyslais hefyd ar warchod menywod rhag camymddwyn tebyg – ond erbyn hyn mae cyfran helaeth iawn o droseddau o'r math hwn yn cael eu cyflawni ar y we yn hytrach nag yn ein parciau neu ar ein strydoedd, sy'n gwneud y dasg o ddelio â nhw yn llawer anoddach nag yr oedd hi yn fy nghyfnod i.

Gan mai gwaith gwirfoddol oedd bod yn Ynad roedd angen i mi chwilio am waith arall hefyd. Ro'n i awydd mynd i faes gwahanol i 'ngyrfa gyntaf yn y gwasanaethau cymdeithasol, er mwyn rhoi ar waith yr hyn ro'n i wedi'i ddysgu yn y brifysgol. Yn ogystal â'r gwaith academaidd ro'n i wedi gorfod dysgu rheoli fy amser yn well a delio efo pwysau – roedd hi wedi bod yn dipyn o her dod i ddeall y drefn yno, heb sôn am deithio'n ddyddiol drwy draffig trwm i fy narlithoedd, ar yr un pryd â magu teulu a rhedeg cartref.

Trin a thrafod agweddau o redeg busnes oedd y cwrs BSc Hons: strategaethau, mathemateg, rheolaeth cynnyrch (*yield management*) trefniadaeth fusnes ryngwladol ac ati. Dewisais bwnc difyr ar gyfer fy nhraethawd hir: diwylliant busnes Japaneaidd, oedd yn cynnwys trafod dull cyflenwi o'r enw Just-in-Time, oedd yn eitha newydd ym Mhrydain ar y pryd. Yn syml, ffordd o gyflenwi nwyddau yn syth i'r cwsmer yn ôl y galw ydi hyn, yn hytrach na storio cynnyrch mewn warws. Mae'n ofnadwy o effeithiol ond mae problemau'n codi os ydi'r gadwyn gyflenwi yn torri i lawr, ac ro'n i wrth fy modd yn cael dysgu am elfennau fel hyn o'r byd busnes rhyngwladol. Ro'n i'n ysu, hefyd, am gael rhoi fy ngwybodaeth a'm sgiliau newydd ar waith.

Gofalu am bobl a'u helpu i ddatrys problemau oedd thema fy ngyrfa hyd at y pwynt hwnnw, ac er y buasai wedi bod yn hawdd i mi sticio at yr un maes a dringo'n uwch i fyny ysgol fy ngyrfa, doeddwn i ddim awydd gwneud hynny.

Dwi'n hoff o amrywiaeth a symud ymlaen at brofiadau newydd, gan ddysgu gwersi o bob profiad, ond doedd newid swyddi a meysydd gwaith ddim mor gyffredin bryd hynny ag y mae rŵan. Mae'n fwy derbyniol erbyn hyn i bobl symud ymlaen o swydd i swydd, gan dreulio ychydig flynyddoedd ym mhob maes, ond hyd yn oed yn y nawdegau cynnar roedd disgwyliad cyffredinol i rywun ddewis maes a sticio ato.

Gwelais gyfle i ehangu fy mhrofiadau trwy weithio mewn mudiad elusennol, a gwneud cais am swydd Swyddog Codi Arian yn hosbis St Kentigern yn Llanelwy. Cefais fy nghyfweld, a'm penodi i arwain yr uned oedd yn gyfrifol am godi arian i'r hosbis. Hwn oedd y tro cyntaf iddynt benodi swyddog penodol i reoli a chydlynu'r dasg o godi arian ar gyfer eu gwaith pwysig, felly roedd yn rhaid i mi sefydlu strwythurau priodol ar gyfer y dasg o 'mlaen, a hynny cyn gynted â phosib.

Bu hyn yn waith heriol, am amryw o resymau. Cyn i mi gael fy mhenodi, dim ond trwy eu siopau lleol ac ambell ddigwyddiad, eto'n lleol, roedd y pwyllgor wedi bod yn codi arian, heb fath o strategaeth ehangach. Yn ail, roedd yr uned ddyddiol newydd agor, a'r penderfyniad wedi'i wneud i ehangu'r ddapariaeth roedd yr hosbis yn ei chynnig o fod yn uned ddyddiol yn unig i un oedd yn cynnig gwasanaeth preswyl, ond doedd y pwyllgor (heblaw am greu fy swydd i) ddim wedi rhoi ystyriaeth i sut y byddai'r arian i gefnogi'r gwaith pwysig hwn yn cael ei godi mewn ardal eitha gwledig. Mae mwy a mwy ohonom yn cael ein cyffwrdd gan ganser bob blwyddyn, a hyd yn oed bryd hynny roedd y galw am ofal a gofal diwedd oes gofalgar a charedig, mewn awyrgylch heddychlon, yn sylweddol.

Dechreuais yn fy swydd newydd ym Medi 1994, ac ar ôl gwneud peth gwaith ymchwil sylweddolais mai ffolineb oedd i'r pwyllgor ruthro i wneud y newidiadau mawr hyn i'r ddarpariaeth roedd yr hosbis yn ei chynnig yn y flwyddyn honno, am nifer o resymau. Roedd diffyg cwmnïau mawr, fyddai'n gallu noddi'r hosbis yn rheolaidd gyda symiau sylweddol, yn lleol. Ar ben hynny roedd yr Eisteddfod Genedlaethol yn Abergele y flwyddyn wedyn, oedd hefyd angen codi arian sylweddol yn yr ardal. Ond er gwaethaf popeth, rhoddais fy holl egni i'r achos am flwyddyn heriol ond lwyddiannus, drwy ehangu ar y digwyddiadau codi arian oedd yn bodoli eisoes.

Yn yr un flwyddyn, cefais gyfle i ganu'r rhan soprano yng nghynhyrchiad Voices for Hospices o *Messiah* Handel, a ddarlledwyd yn fyw o Gadeirlan Llanelwy ar Radio 2. Roedd y ffaith fy mod yn arwain yr ymdrechion i godi arian i Hosbis St Kentigern yn golygu fy mod yn ddewis addas i gymryd rhan yn yr oratorio, ac roedd yn wych gallu cynnal noswaith mor fendigedig, mewn cadeirlan ag acwstig yr oedd cymaint o gantorion llawer gwell na fi yn ei ganmol. Yn ogystal, roedd yn ffordd dda iawn o godi dipyn o arian at ein hachos.

Roedd fy swydd nesaf yn yr un maes, sef codi arian, ac roedd y sefydliad yn agos iawn at fy nghalon. Cefais fy mhenodi i arwain a rheoli'r dasg o godi arian at Ŵyl Gerddorol Gogledd Cymru, a sefydlwyd gan William Mathias yn 1972. Roedd yr ŵyl yn cael ei chynnal yn y gadeirlan yn Llanelwy bob mis Medi, ac roedd y swydd hon eto'n bleserus ond yn heriol – roedd HTV wedi rhoi'r gorau i'w noddi, felly roedd deng mil o bunnau yn llai o arian yn dod i'r coffrau, a thwll mawr yn y gyllideb. Cefais y fraint o gwrdd â phobl ddawnus dros ben gan gynnwys yr Archesgob Alwyn Rice Jones, a'r cerddor a'r cyfansoddwr Geraint Lewis, oedd yn Gyfarwyddwr Cerddorol yr Ŵyl.

Yn anffodus, ar ôl blwyddyn ddiddorol, roedd yn rhaid i mi gael llawdriniaeth sylweddol, hysterectomi, ar ôl bod yn dioddef am flynyddoedd. Dim ond 41 oeddwn i, ond ar ôl cael cyngor arbenigwraig yn Lerpwl, daeth yn amlwg mai dyma'r dewis doethaf.

Cefais y driniaeth yn Ysbyty Menywod Lerpwl, ac er mwyn bod yn deg â phwyllgor yr ŵyl, penderfynais roi'r gorau i'm swydd er mwyn cael amser i wella. Roedden nhw'n dibynnu ar gael rhywun holliach, fyddai ar gael yn llawn amser, i wneud y gwaith yn llwyddiannus, a theimlwn na allwn i wneud hynny ar y pryd. Dwi'n cofio derbyn llythyr cydymdeimladol a ffeind iawn gan yr Archesgob Alwyn Rice Jones, oedd yn ddyn galluog, diymhongar ac agos atoch, yn dymuno'n dda i mi efo'r driniaeth a'm hadferiad.

Ar ôl seibiant i wella, ro'n i'n ddigon da i barhau â fy nyletswyddau ar y fainc yn Llys Ynadon Wrecsam, ac o dro i dro ro'n i'n cael gwahoddiad i eistedd yn Llys y Goron efo barnwr i wrando ar rai o'r achosion, er mwyn cael profiad ychwanegol.

Felly, i Gaer at y Barnwr Geoffrey Kilfoil es i. Wel, am gymeriad. Dyn o Acrefair yn wreiddiol, a raddiodd yn y Gyfraith o Goleg yr Iesu, Rhydychen. Dyn galluog a theg, wrth gwrs, ond yn agos atoch ac yn lot o hwyl.

Roedd hi'n glawio'n drwm ar fy niwrnod cyntaf yno, a'r hyn a dynnodd fy sylw yn ystafell y barnwr cyn i ni fynd i'r llys oedd bod bwcedi ar lawr i ddal y glaw oedd yn arllwys i mewn drwy dyllau yn y to! Ro'n i'n cael eistedd efo'r Barnwr Kilfoil, yn gwrando'n astud a thrafod yr achos – y bwriad oedd i mi ddod i ddeall sut roedd ein penderfyniadau ni yn Llys yr Ynadon yn cael eu trin gan farnwr Llys y Goron, a'r canlyniadau i'r diffynnydd. Roedd y llysoedd yn teimlo'n eitha tebyg, heblaw fod gan farnwr allu deddfwriaethol llymach a mwy pellgyrhaeddol.

Tra o'n i ar y Fainc, ro'n i wedi dod ar draws nifer o unigolion oedd yn gweithio efo pobl ifanc yn eu harddegau oedd yn tangyflawni ac yn cael eu gwahardd o'u hysgolion. Roeddwn inne wedi gweld nifer o'r bobl ifanc hynny o 'mlaen, ac yn teimlo trueni nad oedd hi'n hawdd iddyn nhw ddod allan o'r patrwm o gamfihafio a chael eu cosbi, dro ar ôl tro. Gwelais gyfle i wneud gwahaniaeth, felly ar ôl i mi wella'n llwyr yn dilyn y llawdriniaeth, penderfynais newid cyfeiriad eto a hyfforddi yn athrawes, a chofrestru ar gwrs dwy flynedd yng Ngholeg Iâl yn Wrecsam (sydd erbyn hyn yn rhan o Goleg Cambria).

Ro'n i'n dal ati fel Ynad Heddwch, ond ddim yn llawn amser, felly roedd yn bosibl gwneud y ddau beth ar unwaith. Roedd y plant yn prysur dyfu, felly doedd gen i ddim cymaint o gyfrifoldebau adref ag oedd gen i yn y blynyddoedd blaenorol. Fel dwi wedi sôn, roedd newid gyrfa a chyfeiriad yn beth gweddol anghyffredin i ddynes o f'oed i y dyddiau hynny, ond roedd fy nheulu yn gwybod sut un ydw i, ac mi dderbynion nhw'r datblygiad diweddaraf hwn yn dda iawn hefyd, chwarae teg iddyn nhw.

Ar ôl i mi gymhwyso'n athrawes, gwelais hysbyseb am gyfle cyffrous a heriol (wrth gwrs!) i gefnogi a dysgu grwpiau o ddisgyblion rhwng 14 ac 16 oed. Roedd y bobl ifanc hyn wedi'u gwahardd o nifer o ysgolion uwchradd ar hyd a lled gogledd-ddwyrain Cymru, yn siroedd Dinbych, Fflint a Wrecsam, o achos camymddwyn, neu roedden nhw wedi gwrthod mynd i'r ysgol am amryw resymau. Cefais y swydd, ac ro'n i'n gyfrifol am drefnu a chynnal rhaglen o sesiynau neu wersi tua dwy awr o hyd, oedd wedi'u noddi gan arian Ewropeaidd ac yn cael eu cefnogi gan Ymddiriedolaeth Tywysog Cymru. Un o dîm o hyfforddwyr o'n i, ac roedden ni'n cyfarfod bob chydig fisoedd yn Llanelwy ar gyfer sesiynau o hyfforddiant pellach. Roedden ni hefyd yn trafod opsiynau ar gyfer deunydd y gwersi – credwch neu beidio, roedden ni'n cael cryn dipyn o ryddid yn y cyswllt hwnnw!

Ond cofiwch fod gan aelodau'r tîm gymysgedd ddiddorol o brofiad a chymwysterau, a digon o syniadau sut i gefnogi'r bobl ifanc.

O edrych yn ôl, roedd y sefyllfa'n un wallgof: dynes dros ei deugain oed yn gwbl gyfrifol am oddeutu pymtheg o fechgyn a merched afreolus oedd yn casáu'r geiriau 'ysgol' ac 'addysg', ac yn ceisio ennill eu hymddiriedaeth er mwyn gallu eu diddori a'u haddysgu mewn ffordd oedd yn addas i'w gofynion! Ro'n i, ar ben hynny, yn gorfod mynd â nhw i wahanol lefydd i geisio'u diddanu a'u hysbrydoli – ymweliadau addysgol fyddai'n eu paratoi at y dyfodol – gan obeithio y bydden nhw wedyn yn llwyddo i gael gwaith. Fel y gallwch ddychmygu, roedd hyn yn dalcen caled gan fod y mwyafrif helaeth o'r bobl ifanc ro'n i'n gweithio efo nhw yn eitha di-ffocws a diamynedd tuag unrhyw brofiad newydd yr oedden nhw'n meddwl fyddai'n anodd iddyn nhw.

Ond roedd yn rhaid bod yn greadigol, felly penderfynais gymryd prawf er mwyn gallu gyrru bws mini. Gwallgofrwydd llwyr, unwaith eto, ond pasiais y prawf! Rhoddodd hyn gyfle i mi ehangu gorwelion fy nisgyblion drwy fynd â nhw ar ymweliadau i lefydd oedd ymhell tu hwnt i'w profiadau cul.

Roedd heriau'r swydd yn anferth, a'r flaenoriaeth pan wnes i ddechrau oedd ennill eu hymddiriedaeth trwy ddod i'w hadnabod – a hynny mewn cwta ddwy awr yr wythnos. Er mwyn gwneud hynny roedd gofyn paratoi'n fanwl ymlaen llaw, ac er bod yr oriau hynny'n ddiddorol, roedden nhw'n gwbl ddi-dâl. Fel rhan o'r gwaith paratoi hwn trefnais ymweliadau â gwahanol gwmnïau megis Kelloggs, er mwyn rhoi darlun deniadol o fyd gwaith i'r bobl ifanc, a sgyrsiau â gwahanol wasanaethau fel yr RNLI, y gwasanaeth tân, llysoedd barn a'r heddlu. Y nod oedd ceisio'u darbwyllo bod dyfodol gwell i'w gael ym myd gwaith a thrwy gadw o fewn y gyfraith na'r un fyddai o'u blaenau petaen nhw'n parhau i

Trip i'r RNLI yn Fflint efo'r plant ro'n i'n gweithio efo nhw yn 1997

gamfihafio neu droseddu. Roedd hi'n bwysig hefyd fy mod yn ceisio'u dysgu am y gwahanol wasanaethau cyhoeddus, a sut y gallai'r rhain weithio ar eu rhan yn hytrach na bod yn gyrff i'w hosgoi a'u casáu.

Cofiaf fynd â grŵp o ysgol yn ardal Wrecsam yn y bws mini i Asda am hyfforddiant ynglŷn â beth i'w ddisgwyl petaen nhw'n cael swydd yn yr archfarchnad. Wel, am her! Ar ôl i ni gychwyn cafodd un ferch waedlyn yn ei thrwyn ac roedd un o'r bechgyn yn camymddwyn, ac i goroni popeth roedd angen i mi stopio i lenwi tanc y fan â disel. Ro'n i mewn penbleth llwyr – ddylwn i ddychwelyd i'r ysgol neu fwrw mlaen? Wel, bwrw mlaen wnes i, gan ofyn am y swyddog cymorth cyntaf ar ôl cyrraedd Asda, er mwyn gwneud siŵr fod y trwyn gwaedlyd y ferch yn iawn. Cawsom fore llwyddiannus, ond bu'n rhaid i mi gofnodi'r holl anawsterau ar y ffurflen briodol yn yr ysgol ar ddiwedd y sesiwn. Byddai'r bore wedi bod gymaint haws petai gen i aelod arall o staff efo fi – fel y gŵyr pob athro ac athrawes, dim ond un neu ddau afreolus sydd ei angen mewn grŵp i wneud popeth yn draed moch.

I wneud fy swydd yn anoddach fyth, doeddwn i ddim yn cael gwybodaeth am sefyllfa unigol y bobl ifanc – gwyddwn fod pob un ohonyn nhw'n dioddef o ryw gyflwr megis problemau emosiynol hirdymor neu gyflyrau cymhleth fel ADHD, a'u bod nhw i gyd angen cefnogaeth, ond doeddwn i ddim yn cael gwybod pwy oedd yn dioddef o ba gyflwr. Roedd yn rhaid i mi wneud fy ngorau i'w helpu er na wyddwn yn iawn sut.

Taflais fy hun i'r gwaith gan addo i mi fy hun y byddwn i'n gwneud fy ngorau, a threfnais sesiynau mor addas a diddorol â phosibl i ddenu a dal eu diddordeb. Ond roedd yn andros o anodd gwneud argraff bositif ar grŵp mor fawr ac mor amrywiol. Yn fy marn i roedd fy nghyflogwyr yn gofyn gormod – *too little, too late* fel dywed y Sais.

Cynhelid cyfarfod blynyddol i ddathlu llwyddiannau'r bobl ifanc ar ddiwedd pob blwyddyn ysgol, mewn llefydd difyr fel Pafiliwn Llangollen. Y nod oedd dangos iddynt eu bod wedi cyflawni camp sylweddol ac i godi'u hunan-barch a'u hyder – ro'n inne'n falch o gael dathlu'r ffaith 'mod i wedi cyfrannu mymryn at y llwyddiannau hynny.

Pennod 7

Fel pob dynes uchelgeisiol arall, ro'n i'n mwynhau meddwl y tu hwnt i'm swydd gyfredol bob amser. Roedd Derek a finne, ynghyd â'n cyfeillion, wedi mwynhau trafodaethau diddorol am wleidyddiaeth dros y blynyddoedd, ac yn cytuno ar ein gwleidyddiaeth gymedrol. Aethom ar un achlysur i dafarn yn y Trallwng i gwrdd â'r Aelod Seneddol dros Drefaldwyn, Alex Carlisle – Arglwydd Carlisle erbyn hyn – er mwyn sgwrsio am wleidyddiaeth. Roeddwn i a'm gŵr yn ystyried ymuno â'r blaid Ryddfrydol, gan mai yno roedd ein cartref gwleidyddol. Doedd 'run ohonon ni wedi bod yn aelod o unrhyw blaid cyn hynny, felly roedd yn gam cyffrous dros ben.

Awgrymodd Alex Carlisle y byddai'r Democratiaid Rhyddfrydol yn ein croesawu â breichiau agored, ac felly y bu hi. Ond yn fwy na hynny, aethom o fod yn ddi-blaid i fod yn ymgeiswyr etholiadol, a hynny dros nos, bron! Dechreuodd y ddau ohonom baratoi ar gyfer Etholiad Cyffredinol 1997. Dwi ddim yn siŵr a oedd gŵr a gwraig erioed o'r blaen, yng Nghymru neu tu hwnt, wedi sefyll dros y blaid ar yr un pryd.

Roedd yn rhaid i'r bywyd gwleidyddol newydd hwn ffitio o gwmpas ein bywyd bob dydd a'n swyddi, wrth gwrs, a olygai brysurdeb ychwanegol. Mae hen ddywediad yn awgrymu y dylech chi ofyn i rywun prysur os ydych chi am i rywbeth gael ei wneud, ac roedd y ddihareb yn sicr yn wir yn ein tŷ ni!

Yn etholaeth Wrecsam roedden ni'n byw, ond gofynnodd y Democratiaid Rhyddfrydol i mi fod ar y rhestr o ddarpar ymgeiswyr yn etholaeth Glannau Dyfrdwy, a

Derek a fi yn dechrau ar ein gyrfaoedd gwleidyddol yn 1997

Derek yn Ynys Môn. Ro'n i'n nerfus iawn wrth fynd i'r cyfarfod i ddewis ymgeisydd Alun a Glannau Dyfrdwy (etholaeth Alex ei hun gynt) ar gyfer etholiad 1997 – roedd llawer o waith ymchwil i'w wneud, ac roedd yn rhaid i mi baratoi araith fer ac ateb cwestiynau'r aelodau, fel pob un o'r darpar ymgeiswyr eraill, cyn i un ohonon ni gael ein dewis. Rhaid i mi gyfaddef ei fod o'n brofiad eitha pleserus, ond ro'n i'n ymwybodol iawn fod y Democratiaid Rhyddfrydol yn bobl ddeallus, egwyddorol ac yn anodd eu plesio. Gyda llaw, roedd disgwyl ein bod yn gwario dipyn o'n harian ein hunain i gefnogi'n hymgyrchoedd.

Bu cystadleuaeth frwd rhwng pedwar ohonom, a hysting yn Neuadd y Dref Cei Conna, ond ar y diwedd fi gafodd fy newis i fod yn ymgeisydd. Dyna ddechrau ar fy ngyrfa wleidyddol ddi-fflach!

Llafur enillodd yr etholiad, ond yn fuan wedyn cyhoeddodd Tony Blair a'i lywodraeth y byddai refferendwm yn cael ei gynnal ym Medi 1997 er mwyn i'r cyhoedd gael pleidleisio ar yr egwyddor o Ddatganoli i Gymru. Ro'n i a Derek yn teimlo'n gyffrous wrth edrych ymlaen at gael ymgeisio eto ar ran y Democratiaid Rhyddfrydol, ac erbyn hyn roedd posibilrwydd y byddai cyfle i un ohonon ni ymgeisio am sedd yn y Cynulliad newydd yng Nghaerdydd, yn ogystal â San Steffan, petai'r bleidlais yn mynd o blaid Datganoli.

O gwmpas y cyfnod hwn derbyniais lythyr ffurfiol a chydig yn od gan Gadeirydd Ynadon Gogledd Cymru ar y pryd, Syr William Gladstone. Roedd y llythyr yn anodd i'w ddeall, ond yn y bôn gofyn roedd o sut oeddwn i'n mynd i gyflawni popeth yn fy mywyd prysur. Ro'n i, wrth gwrs, yn dal i fod yn Ynad Heddwch ar y pryd. Roedd o'n crybwyll y ffaith fod fy narpar etholaeth, Alun a Glannau Dyfrdwy, yn rhan o ynadaeth Wrecsam, yr ardal ro'n i'n gwasanaethu ynddi. Doeddwn i ddim wedi sylweddoli hynny, a dweud y gwir, ond penderfynais anwybyddu'r peth gan na fyddai'n broblem nes i mi ennill yr etholiad, a doeddwn i ddim yn meddwl 'mod i'n debygol o wneud hynny. Tybed a fyddai o wedi anfon llythyr o'r fath heddiw, neu at ymgeisydd gwrywaidd? Chreda i fawr.

Roedd noson yr Etholiad Cyffredinol, a gynhaliwyd ar Fai 1af, 1997, yn brofiad anhygoel o gyffrous ond yn un eitha blinedig. Ro'n i'n sefyll o gwmpas drwy'r nos tra oedd y swyddogion yn cyfri'r pleidleisiau o 'nghwmpas i, ac yn cadw golwg ar y teledu er mwyn gweld y sefyllfa trwy Gymru a Phrydain. Gan mai hwn oedd fy mhrofiad cyntaf o sefyll mewn etholiad doeddwn i ddim wir yn disgwyl ennill, a doedd y canlyniad ddim yn ormod o sioc na siom.

Felly, yn ôl â fi i ganolbwyntio ar fy ngwaith bob dydd yn cefnogi'r bobl ifanc y tu allan i fyd addysg... tan yr her nesa.

Ar Fedi 18fed, 1997, pleidleisiodd Cymru, o drwch blewyn, o blaid cael Cynulliad i Gymru, yng Nghaerdydd. Cario 'mlaen efo 'ngwaith bob dydd wnes i am ychydig – roedden ni'n byw yn rhy bell o Gaerdydd i gymryd rhan yn yr ymgyrchu tuag at Ddatganoli, ond ar y llaw arall ro'n i'n teimlo cyffro mawr ynglŷn â'r posibilrwydd y byddai Cymru, drwy'r Cynulliad, yn cael llais cryfach ar gyfer y dyfodol.

Wel, wrth i etholiadau cyntaf y Cynulliad newydd agosáu, daeth cyfle i mi fynd o flaen y Cyfarfod Dethol yn Sir Drefaldwyn, gan fod y Democratiaid Rhyddfrydol angen enwebu ymgeisydd ar gyfer etholaeth Maldwyn. Gwyddwn y byddai hyn eto'n brofiad gwerthfawr ac yn ymarfer da at y dyfodol, felly cytunais i roi fy enw ymlaen.

Yn ystod yr ymgyrch honno yn 1998 i ddewis ymgeisydd, cawsom dri chyfarfod ffurfiol ond gwahanol iawn eu naws i werthu'n hunain i aelodau Sir Drefaldwyn, gan ddechrau yn Llanidloes, lle cefais garedigrwydd amhrisiadwy gan Gareth ac Angela Morgan. (Gareth oedd Cadeirydd Sirol cyntaf y Democratiaid Rhyddfrydol ac roedd yn gawr gwleidyddol yn ei amser. Ymddeolodd yn ddiweddar ar ôl dros hanner canrif ar Gyngor Powys.) Aethom i'r gogledd nesaf, i Lanfyllin, cyn gorffen y daith yn y Drenewydd mewn ystafell anferth o flaen cannoedd o aelodau. I mi, yr ymgeisydd mwyaf dibrofiad, roedd y cyfan yn frawychus, ond ro'n i'n fodlon 'mod i wedi gwneud fy ngorau, a bod y canlyniad yn un teg. Mick Bates, yr ymgeisydd lleol, ddaeth i'r brig – yn hollol haeddiannol – a fo felly fyddai'n sefyll dros y Democratiaid Rhyddfrydol i geisio cael ei ethol yn Aelod Cynulliad cyntaf etholaeth Maldwyn yn etholiad 1999. Er nad oeddwn i'n llwyddiannus cefais hwyl yn dysgu am y broses etholiadol ymysg pobl graff a deallus iawn. Cefais flas ar y gwaith ymgyrchu, a phenderfynais bryd hynny y buaswn yn hoffi rhoi tro ar sefyll eto, petawn yn ddigon ffodus i gael fy newis. Roedd y prif sgyrsiau ar stepen y drws am y datganoli newydd oedd o'n blaenau a sut fyddai ein plaid ffederal yn dygymod â'r drefn newydd. Roedd y Democratiaid Rhyddfrydol o blaid Datganoli, a hefyd o blaid etholiadau tecach drwy gynrychiolaeth gyfrannol, yn hytrach na'r drefn o'r cyntaf i gyrraedd y llinell derfyn.

Yn *Birth of Welsh Democracy* gan John Osmond a J. Barry Jones, honwyd y byddai'r Democratiaid Ryddfrydol yn dod i ben â'r drefn newydd yn well na'r pleidiau eraill. Ym mhennod 12 y llyfr, nodir, 'Indeed in the first elections the party presented itself as the true party of devolution. This was in true contrast to what it declared to be a separatist Plaid Cymru, "oppositionist" Conservatives and a Welsh Labour Party subordinate to London.'

Mae hwn yn honiad diddorol a theimlaf ei fod yn eitha cywir o'r dechrau'n deg. Doedd y setliad gawson ni o San Steffan ddim yn gynaliadwy – briwsion gawson ni, o gymharu â'r setliad ariannol a chyfansoddiadol a gafodd yr Alban a Gogledd Iwerddon, ac mae'r un peth yn dal yn wir heddiw. Mae cymaint o dlodi a chymaint o angen gwella ein heconomi heddiw ag yr oedd chwarter canrif yn ôl. Edrychwch ar yr arian ddylai fod yn dod i Gymru yn sgil HS2, sydd wedi llyncu a gwastraffu bilynau. 'For Wales see England' oedd y drefn flynyddoedd maith yn ôl, a'r un ydi'r gân heddiw!

Roeddwn yn awyddus i symud ymlaen, felly dyma wneud cais arall i fod yn ymgeisydd ar gyfer y Cynulliad, yn yr un etholiad. Wn i ddim ai trwy drefn neu ffawd ddigwyddodd y peth, ond ro'n i'n un o bedair merch oedd yn sefyll ar ran y pleidiau yn etholaeth Delyn yn 1999: Karen Lumley (Ceidwadwyr), Alison Halford (Llafur), Meg Elis (Plaid Cymru) a finne. Wel, am frwydr unigryw a hwyliog gawson ni efo'n gilydd! Mi ddangosodd y pedair ohonon ni'n glir fod merched yn gallu delio â materion gwleidyddol difrifol

Cyfarfod Richard Livesey, Arweinydd y Democratiaid Rhyddfrydol ar y pryd, yn 1999

mewn ffordd oedd ddim yn ddibynnol ar wrthdaro parhaus. Alison enillodd ond mi ddaethon ni'n pedair yn ffrindiau ar ôl y profiad o gyd-ymgyrchu. Erbyn hyn rydyn ni i gyd yn heneiddio, ac ro'n i'n drist iawn o glywed am farwolaeth Alison yn ddiweddar.

Roedd trefn y Cynulliad newydd yn golygu fod yn rhaid i bob plaid gyflwyno rhestr o ymgeiswyr rhanbarthol ar

Efo'r Farwnes Shirley Williams yn 2001

gyfer Gogledd Cymru yn ogystal ag ymgeiswyr am yr etholaethau penodol, a rhoddywd fy enw i ar y rhestr honno hefyd. Canlyniadau'r etholiad oedd yn penderfynu faint o aelodau rhanbarthol roedd pob plaid yn eu cael yng Nghaerdydd. Eto, gan 'mod i'n weddol newydd i'r blaid, nid fi oedd y gyntaf ar y rhestr. Aeth y lle hwnnw, yn ôl y disgwyl, i Christine Humphries, cyn-athrawes o Lanrwst ac aelod o'r blaid ers cryn amser. Mae hi erbyn hyn yn Farwnes yn Nhŷ'r Arglwyddi. Fi oedd yn ail ar y rhestr, ond doedd y Rhyddfrydwyr ddim wedi llwyddo i ennill digon o bleidleisiau yn yr etholiad i'r ddwy ohonom gael mynd i Gaerdydd, felly Christine yn unig gymerodd ei lle fel Aelod o'r Cynulliad cyntaf.

Dyna ddiwedd ar fy ymdrechion gwleidyddol am y tro, felly, a phan aeth Christine i Gaerdydd mi es inne'n ôl i 'mywyd bob dydd, yn gweithio efo'r bobl ifanc fregus, eistedd ar y Fainc a gwirfoddoli gydag elusennau lleol.

Ro'n i'n dal i wneud cryn dipyn efo'r blaid, oedd yn gweithio'n galed ar lawr gwlad i ddenu cefnogaeth. Er mai plaid fechan oedd y Democratiaid Rhyddfrydol yng Nghymru roedd cynnwrf yn ein mysg, ac roedd angen i ni barhau i godi arian er mwyn parhau i ymgyrchu, gan nad oedd ganddon ni lawer o noddwyr mawr yng ngogledd Cymru. Ni'r ymgeiswyr, ynghyd â'r aelodau, fyddai'n llenwi'r bwlch efo'n harian ein hunain er mwyn talu am gyfathrebu efo'r etholwyr – drwy lythyrau bryd hynny, yn wahanol i'r drefn gyfoes gyda'r cyfryngau cymdeithasol a'u posibiliadau di-ben-draw.

Fu dim rhaid i mi aros yn hir am gyfle arall – cyfle ychydig yn wahanol y tro hwn. Cefais fy newis i fod yn ymgeisydd yng Nghaer yn yr Etholiad Cyffredinol nesaf, ond ar y pryd doedd gan neb syniad pryd fyddai hynny. Yn ôl fy arfer gweithiais yn galed, yn enwedig ar y *pavement politics*, sef cyfarfod a sgwrsio â phobl ar strydoedd Caer. Fy ngwrthwynebydd Ceidwadol oedd cyfreithiwr o Fae Colwyn o'r enw David Jones, ond er mawr syndod i mi wnes i ddim ei gyfarfod nes iddo ymuno â ni yn y Cynulliad chydig flynyddoedd yn ddiweddarach! Ar y pryd ro'n i'n byw chwe milltir o ffin Swydd Caer ac roedd yntau'n byw ym Mae Colwyn. Dwi ddim yn cofio llawer am yr ymgeiswyr eraill gan 'mod i'n canolbwyntio ar deithio o gwmpas yr etholaeth yn trafod y materion oedd o bwys i'r trigolion.

Ym mis Ebrill 2001, fis cyn yr Etholiad Cyffredinol, ro'n i'n brysur yn ymgyrchu yng Nghaer pan ges i alwad ffôn gan brif weithredwr y Democratiaid Rhyddfrydol yng Nghaerdydd, yn gofyn i mi deithio i lawr i Gaerdydd ar frys i gymryd sedd yn y Cynulliad. Wel, am sioc! Erbyn deall, roedd Christine Humphries wedi bod yn wael ers peth amser, ac wedi penderfynu na allai barhau efo'i gwaith yn Aelod Cynulliad. Roeddwn yn teimlo drosti, ac yn dymuno'r

Ymgyrchu efo Michael German a Vicky MacDonald yn Llanfairfechan
2001

77

Trafod ymgyrch efo Derek tua 1998

gorau iddi am wellhad buan, ond ar y llaw arall allwn i ddim credu'r sefyllfa anghredadwy ro'n i ynddi!

Roeddwn wedi cael amser braf iawn a phrofiadau pleserus efo aelodau'r blaid yng Nghaer wrth ymgyrchu – roedden nhw oll yn bobl ddeallus, agos atoch a ffeind iawn. Sut yn y byd oeddwn i am esbonio iddyn nhw fod yn rhaid i mi eu gadael nhw, wythnosau'n unig cyn yr etholiad, a'i heglu hi i lawr i Gaerdydd i fod yn AC Gogledd Cymru i'r Democratiaid Rhyddfrydol? Ro'n i wedi esbonio o'r dechrau fy mod yn dal yn ail ar restr ranbarthol Gogledd Cymru, ond doeddwn i ddim wedi breuddwydio y byddai dim yn dod o hynny tan etholiad nesaf y Cynulliad.

Diolch byth, roedd y tîm yn ffeind iawn, ac yn deall fy sefyllfa. Roedd Derek a'r plant mewn sioc hefyd, ond yn hollol gefnogol i mi. Roedd Delia yn 20 ac Edward yn 17 erbyn hynny, ac yn dechrau cymryd diddordeb yn ymdrechion gwleidyddol eu tad a finne. Roedd Derek yn dal i fod yn ymgeisydd o dro i dro, pan oedd galw, ond roedd o'n brysurach efo'i yrfa, yn gyfarwyddwr ar wahanol gwmnïau preifat.

Felly, ar ôl gwneud paratoadau personol ar frys, ymddiswyddo o 'ngwaith efo'r bobl ifanc a phacio bag bach, i ffwrdd â fi ar y trên hirwyntog o Wrecsam i Gaerdydd. Dim ond gogleddwyr sy'n deall pa mor rhwystredig ydi teithio i lawr i Gaerdydd yn gyson, a does fawr ddim wedi gwella ar ôl chwarter canrif o ddatganoli. Yn wir, teimlais o'r cychwyn cyntaf mai un o dasgau mwyaf hanfodol y Cynulliad oedd gweithio i sicrhau cyswllt trafnidiaeth gyhoeddus o safon rhwng y Brifddinas a'r Gogledd Pell!

Pennod 8

Dyna sut y gwnes i ymuno â'r Cynulliad yn Aelod Rhanbarthol dros Ogledd Cymru ar ran y Democratiaid Rhyddfrydol, ddwy flynedd ar ôl cychwyn siwrnai'r Cynulliad.

Er 'mod i wedi cymryd diddordeb ysol mewn gwleidyddiaeth ers blynyddoedd, ac ymgyrchu dipyn fel ymgeisydd, dyma fy mhrofiad cyntaf o wleidyddiaeth – ac roedd o'n hollol annisgwyl! Pan mae ymgeisydd yn canfasio cyn etholiad mae'r cyfan yn adeiladu at fomentwm y diwrnod mawr a'r canlyniad swyddogol, ac mae'r darpar Aelod felly'n ymwybodol o'r amserlen. Mi ges i, ar y llaw arall, ddysgu 'mod i wedi ennill fy sedd heb ddim rhybudd o flaen llaw, nac amser i baratoi, yn bersonol na phroffesiynol. Ro'n i'n ddynes hanner cant oed, heb brofiad ffurfiol gwleidyddol o fath yn y byd, ac yn adnabod neb –

Cymryd y llw efo Paul Silk, Prif Weithredwr y Cynulliad, yn ei swyddfa yn Nhŷ Crughywel yn 2001

roedd yr Aelodau eraill i gyd wedi bod yn cydweithio am ddwy flynedd, ac yn deall y drefn yn iawn. Ches i ddim *handover* na hyd yn oed sgwrs efo Christine Humphries gan nad oedd hi'n ddigon da i hynny, ond doedd gen i ddim amser i boeni... nag i edrych yn fanwl ar y rheolau a'r cyfansoddiad chwaith. Rhaid oedd mynd amdani!

Fy argraff gyntaf o Gaerdydd oedd arogl bragdy Brains wrth i mi ddod oddi ar y trên. Cychwynnais yn syth i Dŷ Crughywel, ac yno mi ges i fedydd tân go iawn. Roedd cymaint i'w ddysgu, a hynny ar garlam, yn cynnwys y mater bach o gofio sut i ddod o hyd i'm swyddfa. Mi es i ar goll yn yr adeilad un tro, a chael fy hun yn sownd yn y maes parcio (heb gar!) ar ôl i bawb arall fynd adref, a bu'n rhaid i mi ddysgu'n dra sydyn ble roedd yr ystafelloedd pwyllgora a'r Siambr. Dysgais hefyd fod yn rhaid i mi gario fy ngherdyn adnabod swyddogol bob amser, gan mai hwn oedd yn cael ei ddefnyddio i agor y drysau o un rhan o'r adeilad i'r llall. Am hwyl!

Dwi'n cofio gofyn i mi fy hun ambell waith ar y dechrau pam oeddwn i yn y sefyllfa hollol anhygoel hon – roedd o fel cyrraedd planed arall. Roedd gofynion amhosibl arna i o gofio 'mod i'n etifeddu llwyth gwaith a phenderfyniadau rhywun arall, ac roedd y cyfan yn ormod i'w gymryd i mewn i gyd ar unwaith, a hynny o dan chwyddwydr y wasg a'r cyfryngau. Sylwais yn reit fuan fod y cyfryngau'n sylwebu ar bopeth proffesiynol a phersonol; roedden nhw hyd yn oed yn gas am fy ymddangosiad ambell dro. Gan 'mod i wedi cael fy nhaflu i mewn i'r swydd ches i ddim hyfforddiant ar sut i ddelio efo'r wasg ar y dechrau, felly ro'n i'n reit ddiniwed, yn meddwl y bydden nhw'n ffeind efo fi ac yn ystyrlon yn yr hyn roedden nhw'n ei ddweud amdana i. Doeddwn i ddim eisiau gweld drwg ynddynt yn bersonol... roedd gen i lawer i'w ddysgu am y byd gwleidyddol! Ymhen amser mi ges i hyfforddiant ar sut i ddelio efo nhw a beth i'w ddweud (a pheidio'i ddweud!) a daeth pethau'n haws wrth i mi ddod i arfer.

Prin y ces i amser i gymryd gwynt yn yr wythnosau a'r misoedd cyntaf hynny, ond ro'n i'n gweld fy swydd newydd yn gyffrous. Roedd hi'n andros o flinedig hefyd, gan 'mod i, yn ogystal â theithio i Gaerdydd ar gyfer cyfarfodydd a phwyllgorau, yn teithio'n aml ar draws fy rhanbarth oedd yn ymestyn o Ynys Môn i Gaer, ar draws yr hen Sir Feirionnydd i lawr at afon Dyfi.

Michael German oedd arweinydd y blaid yng Nghaerdydd, a Jenny Randerson oedd ei gyd-aelod lleol, y ddau wedi bod yn gynghorwyr blaenllaw ar Gyngor Caerdydd efo'i gilydd am amser maith. Mae Jenny bellach wedi'n gadael ni – roedd hi'n gyd-Aelod profiadol a gweithgar dros ben, yn ei ffordd ddiymhongar ei hun. Gwnaeth gymaint o waith da dros ei hetholaeth, fel Gweinidog Diwylliant ac fel Dirprwy Brif Weinidog yn y

Cyfarfod y Blaid yn Llandrindod, yng nghwmni Mick Bates, Peter Black, Mike German, Kirsty Williams a Jenny Randerson, 2001

blynyddoedd cynnar. Enwebais hi yn arweinydd y blaid i olynu Mike German (gan ddigio Kirsty Williams a'i throi yn fy erbyn am byth) gan 'mod i'n meddwl y byddai hi wedi gwneud job dda ohoni. Peter Black oedd yn cynrychioli Rhanbarth Gorllewin De Cymru – cyn-gynghorydd arall, o Abertawe. Roedd Kirsty Williams yn cynrychioli Brycheiniog a Maesyfed, Mick Bates yn Aelod dros Faldwyn, a finne dros Ogledd Cymru.

Felly ni, y Democratiaid Rhyddfrydol, oedd y tîm lleiaf, ac yn ysgwyddo'r baich trymaf. Golygai hyn ein bod yn eistedd fesul un ar y pwyllgorau – roedd angen gwneud gwaith ymchwil sylweddol i ymgyfarwyddo â'r manylion gwleidyddol, a rhaid oedd talu sylw manwl trwy gydol yr amser. Llafur oedd yn y mwyafrif efo dau neu dri aelod ar bob pwyllgor, a ganddyn nhw oedd y dylanwad mwyaf, wrth gwrs.

Rhaid i mi gyfaddef 'mod i wedi dioddef o'r hyn mae'r Sais yn ei alw'n *imposter syndrome* pan gamais i mewn i'r Siambr am y tro cyntaf, ac am beth amser wedyn. Cofiwch mai'r hen siambr oedd hon ar lawr isaf Tŷ Crughywel, ger cyntedd yr hen fynedfa. Doeddwn i ddim yn or-hoff o'r siambr honno – roedd hi'n fychan iawn, a phan oedd rhywun yn pesychu mi fyddwn i wastad yn dal annwyd ganddyn nhw. Roedd y siambr newydd yn llawer gwell gan ei bod yn fwy, a'r system puro aer yn fwy effeithiol, ac ro'n i'n iachach ar ôl symud iddi!

Cefais wybod yn syth y byddai'n rhaid i mi ysgwyddo'r cyfrifoldeb am amryw o bwyllgorau – rhai ohonynt yn flaenllaw a rhai eraill lle gallwn gymryd chydig mwy o 'sedd gefn'. Wedi dweud hynny, roedd pob un yn bwysig i weithgarwch effeithlon y Cynulliad. Ro'n i'n gweithio'n gwbl ddwyieithog yng Nghaerdydd ac yn fy etholaeth, ac roedd y ffaith 'mod i'n siarad Cymraeg yn fy ngwneud yn ddewis amlwg i arwain ar sawl maes. Ymhen dim cefais fy

Cymdeithas Seneddol y Gymanwlad efo'r Frenhines Elizabeth yn Llundain, 2001

mhenodi'n Llefarydd ar Addysg, Materion Amgylcheddol, Cynllunio a Thrafnidiaeth, Cydraddoldeb, Safonau Ymddygiad a Deddfwriaeth y Cynulliad. Ro'n i hefyd ar Bwyllgor Gogledd Cymru a Phwyllgor Cymdeithas Seneddol y Gymanwlad. Ie, i gyd ar unwaith!

Yn ychwanegol i hyn roedd ambell bwyllgor gweinyddol: Pensiynau, Darlledu ac ati, a fi hefyd oedd yn gyfrifol, ar ran y blaid, am unrhyw beth trwy gyfrwng y Gymraeg. Golygai hynny 'mod i'n gorfod ymddangos ar fyr rybudd ar y cyfryngau, i drafod pa bynnag bwnc oedd yn y newyddion. Weithiau dim ond munud neu ddau ar y ffordd i fyny at y BBC ro'n i'n ei gael i feddwl be ro'n i'n mynd i'w ddweud!

Un tro, pan o'n i'n weddol newydd i'r swydd, dwi'n cofio bod ar raglen amser cinio Radio Cymru tra oedd rhyw ddyn bach pigog yn cwyno am ein costau ni fel gwleidyddion, yn arbennig y costau llety. Yn ei farn o, mi ddylen ni fod yn mynd adref i ogledd Cymru bob nos, yn

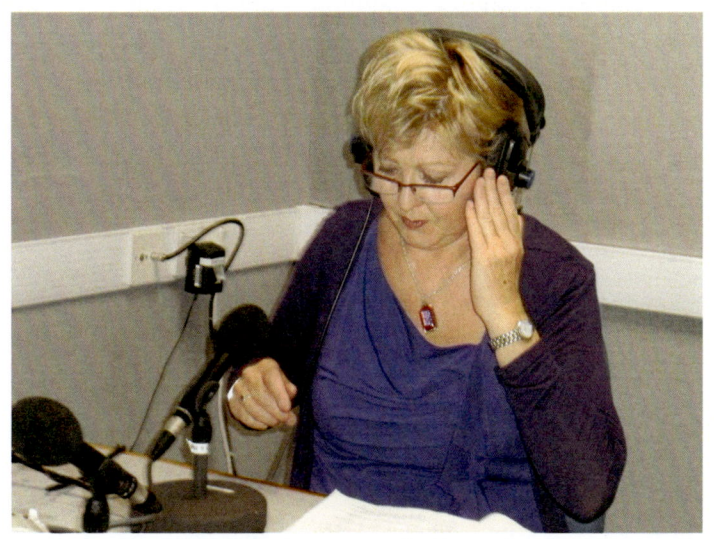

Cymryd rhan mewn rhaglen radio

hytrach nag aros mewn gwestai a fflatiau drud yng Nghaerdydd. Roedd hyn tua'r un amser ag y bu ffwdan mawr ynglŷn â chostau Aelodau Seneddol yn San Steffan. Atebais yn reit bendant: sut yn y byd oeddwn i i fod i gyrraedd Caerdydd er mwyn mynychu Pwyllgor Deddfwriaethol am wyth y bore, yn ffit i wneud fy ngwaith, petawn i'n gorfod gyrru yno yn oriau mân y bore neu geisio ffeindio fy ffordd ar drafnidiaeth gyhoeddus? Gyda llaw, dwi'n cofio ceisio cael newyddion Cymru ar y teledu yn un o'r gwestai y bûm yn aros ynddyn nhw, a methu – gan mai cwmni o Loegr oedd yn rhedeg y lle, sianeli rhanbarthol Lloegr yn unig roedden nhw'n eu cynnig! Roedd llawer iawn o bobl oedd yn byw yn agos i'r ffin yn methu cael gwasanaeth teledu Cymraeg a Chymreig hefyd – o gofio hynny doedd dim syndod fod ymwybyddiaeth pobl o waith y Cynulliad mor isel.

Yn ogystal â'r holl bwyllgorau a'r ymrwymiadau yng Nghaerdydd, ro'n i hefyd yn gorfod cyflawni fy nyletswyddau fel yr unig aelod o'r Democratiaid Rhyddfrydol yn rhanbarth Gogledd Cymru. Wrth edrych yn ôl dwi'n rhyfeddu pa mor amhosib roedd fy mywyd newydd yn ymddangos. Ond fy newis i oedd o, ac wrth gwrs roedd cael gwasanaethu yn y Cynulliad yn anrhydedd amhrisiadwy ac unigryw, ac roedd yn fraint cael cynrychioli fy etholwyr yn y Gymru ddatganoledig er bod cyn lleied o sylw synhwyrol yn cael ei roi gan y cyfryngau i'r drefn wleidyddol newydd hon.

Ar ôl i mi fod yn AC am sbel, cefais wybod bod dynes o'r enw Sian Jones ar gael i helpu Aelodau i wella'u sgiliau yn y Gymraeg. Bachais ar y cyfle, gan 'mod i o'r farn nad oedd fy iaith ffurfiol a chyfreithiol gystal ag y gallai fod. Wedi'r cyfan, yn Saesneg ges i fy addysg. Roedd Sian yn berson hwyliog a chefnogol iawn heb fod yn agored gefnogol i unrhyw blaid wleidyddol, ac roedden ni'n trio bachu ambell hanner awr fan hyn a fan draw i drafod. Bu hyn yn gymorth mawr i mi ailgydio yn – a gloywi – iaith y nefoedd, gan mai dyma'r swydd broffesiynol gyntaf i mi ei chael lle ro'n i'n cael gweithio drwy gyfrwng y Gymraeg, a finne'n hanner cant oed! Ro'n i hefyd, wrth gwrs, dan chwyddwydr parhaol y cyfryngau a'r cyhoedd. Dwi'n cofio rhywun pigog yn ffonio fy swyddfa (yn ddienw, wrth gwrs) i gwyno am safon fy Nghymraeg ar rhyw raglen neu gilydd – roedd digwyddiadau fel hyn yn tanseilio fy hyder yn fy swydd newydd, ond ro'n i'n awyddus i ddelio â'r peth yn y ffordd fwyaf positif bosib. Ro'n i'n teimlo'n drist, serch hynny, fod rhai pobl yn credu ei bod yn hollol dderbyniol iddynt gwyno am unrhyw beth ynglŷn â gwleidyddion nad oedd yn eu plesio. Mae'r diffyg parch hwnnw at Aelodau Seneddol yn waeth erbyn hyn, diolch i ddylanwad y cyfryngau, y cyfryngau cymdeithasol ac, yn wir, ymddygiad llefafrif o'r Aelodau Seneddol eu hunain.

Ar ôl bod yn gweithio efo Sian cododd fy hyder, ac

Yn aml iawn roedden ni'n mynd â phlant ysgol i ymweld â'r Siambr, ac yn mynd i ysgolion i drafod gwaith y Cynulliad

ymhen ychydig mentrais roi fy enw ymlaen i sefyll arholiad TGAU Cymraeg fel myfyriwr allanol aeddfed ym Mhrifysgol Caerdydd. Ar ôl llwyddo, es i ymlaen i astudio at yr arholiad Safon Uwch, diolch i'r cymorth a'r gefnogaeth ges i gan Sian a hefyd gan yr Athro Elan Closs Stephens. Erbyn hynny ro'n i'n gresynu na ches i 'mo'r cyfle i astudio'r Gymraeg, na thrwy gyfrwng y Gymraeg, hyd yn oed, pan oeddwn yn yr ysgol. Pan ges i ddewis rhwng astudio Cymraeg neu Ffrangeg, dewisais y Ffrangeg.

Yn y cyfnod hwnnw hefyd cefais wybod, ar hap, fod rhywun yn fy stelcio o gwmpas y Senedd. Un o staff diogelwch cyffredinol adeilad y Senedd ddwedodd wrtha i fod rhyw ddyn o gwmpas yn aml, ac yn eistedd ymysg y cyhoedd gan ddangos gormod o ddiddordeb, braidd, yndda i pan o'n i'n sefyll i ofyn cwestiynau neu'n siarad mewn dadleuon ac ati yn y siambr. Ro'n i wedi bod yn rhy brysur i sylwi arno a dweud y gwir – a phwy fyddai'n meddwl chwilio am stelciwr beth bynnag? Diolch byth, wnaeth y sefyllfa ddim gwaethygu, ond roedd yn sicr yn sioc ac yn bryder i mi, yn enwedig gan fy mod i a llawer o Aelodau eraill yn cerdded yn ôl i'n gwestai a'n fflatiau yn hwyr y nos, yn y tywyllwch. Diolch byth nad ydw i'n wleidydd heddiw – mae'r sefyllfa wedi gwaethygu bellach, yn enwedig i fenywod, a pharch a chydymdeimlad at wleidyddion ac eraill yn llygad y cyhoedd wedi dirywio'n fawr. Rydyn ni i gyd yn cofio hanes Jo Cox a Syr David Amess, ac mae'r ffaith fod Aelodau Seneddol o bob plaid yn gorfod bod yn wyliadwrus o bawb yn eu swyddfeydd etholaethol yn dorcalonnus.

Roedd prysurdeb y swydd yn ddi-ben-draw, a dechreuai pob wythnos efo cyfarfod yn fy swyddfa etholaethol ar fore Llun. Rossett oedd lleoliad fy swyddfa i ddechrau, ond yn nes ymlaen symudais i Wrecsam, gyferbyn â'r stesion.

Roedd yr adeilad yn perthyn i Dr John Marek, AC Llafur Wrecsam, a Dirprwy Lywydd y Cynulliad yn ddiweddarach. Roedd teclyn ar y drws y tu allan er mwyn i mi gael gwybod yn union pwy oedd yno cyn ei agor, er mwyn gwarchod fy hun a fy staff gymaint ag y gallwn. Ar y llawr cyntaf oedd fy swyddfa, ond ro'n i'n cyfarfod aelodau o'r cyhoedd i lawr y staer er mwyn sicrhau mynediad hygyrch i bawb. Byddwn hefyd yn cynnal cyfarfodydd ag etholwyr mewn mannau cyhoeddus neu ambell dro yn eu cartrefi, yn dibynnu ar yr amgylchiadau.

Roedd fy staff etholaethol, Wendy i ddechrau, a Nerys yn nes ymlaen, yn gweithio'n rhan amser, a nhw oedd yn cadw trefn ar y llythyrau, y negeseuon e-bost a'r galwadau ffôn di-ri gan fy etholwyr, tra o'n i'n delio â materion mwy cymhleth a thrafferthus. Yng Nghaerdydd roedd gen i un aelod o staff ond doedd dim llawer o gysondeb – gan fod y swydd yn un ymchwiliol, roedd yn fan cychwyn gwych i

Gwahoddedigion mewn achlysur trawsbleidiol yn Fflint yng nghwmni Quentin Dodd, Cadeirydd Cyngor Sir Fflint, a'i wraig, Adele, 2008/9

rywun gael profiad o yrfa wleidyddol, a byddai'r staff yn aml yn symud ymlaen i swydd fwy heriol. Yn nes ymlaen, wrth i'r gwaith gynyddu a chymhlethu, daeth fy ngŵr, Derek i weithio i mi fel rheolwr yn y gogledd. Er ei fod o'n eithriadol o brofiadol, tâl isel iawn roedd o'n ei gael er mwyn sicrhau na fuasai neb yn gallu cwyno ei fod o ar y *gravy train.*

I gymharu â thal Aelodau Seneddol, roedd ein cyflogau'n fychan o ystyried cyfrifoldebau'r swydd. £33,000 y flwyddyn oedd AC yn ei gael – nid cwyno ydw i yma, cofiwch, dim ond cymharu. Prif anfantais y sefyllfa ariannol oedd nad oedd ganddon ni ddigon o arian i dalu staff yn ddigonol, yn wahanol i ASau Llundain. Mae pethau wedi sefydlogi a gwella'n fawr erbyn hyn, dwi'n falch o glywed.

Ar ddyddiau Llun ro'n i hefyd yn arfer mynychu gwahanol gyfarfodydd ar draws fy rhanbarth, o Ynys Môn i Sir y Fflint ac i lawr bron cyn belled â Machynlleth. Gan fod

Roedd ymgynghori â'r cyhoedd yn hanfodol

Idris Charles ac aelodau o'r Cynulliad, yn cynnwys Ann Jones (Llafur), Alun Cairns (Ceidwadwyr), Helen Mary Jones (Plaid Cymru) a fi mewn digwyddiad yn y Steddfod oddeutu 2002

Datganoli a'r Cynulliad yn newydd, roedd bod yn Aelod Rhanbarthol yn gallu bod yn heriol am sawl rheswm – ro'n i'n newydd i wleidyddiaeth ac yn hollol ddiniwed ynglŷn â'r ffaith fod angen i mi roi gwybod i'r etholwyr 'mod i yno i'w gwasanaethu ac i geisio delio â'r achosion oedd yn bwysig iddyn nhw'n lleol. Roedd gwneud hynny'n anodd, gan nad oedd cymaint o ffyrdd i hysbysebu fy rôl fel Aelod Rhanbarthol ar y pryd – doedd y cyfryngau cymdeithasol ddim mor amlwg eu dylanwad, ac roedd hi'n anodd weithiau cael sylw yn y papurau newydd. Doedd 'na ddim AS nac AC Lib Dem arall yn yr ardal, na fawr o gynghorwyr o'r blaid a allai fy nghyflwyno i bobl, a 'ngwahodd i wahanol ddigwyddiadau ar draws gogledd Cymru. Mae'n hanfodol i wleidyddion gael eu gweld yn gyhoeddus rhag i'r etholwyr ddechrau meddwl nad ydynt yn gweithio'n ddigon caled, ond doedd gen i ddim digon o gysylltiadau ar lawr gwlad i wneud hynny, er 'mod i'n gweithio'n ddiflino. Roedd cael lluniau i brofi ein bod yn mynychu gwahanol

Ar y trên lawr i Gaerdydd efo'r Tad Deiniol a rheolwr y trenau ar y pryd, 2008

ddigwyddiadau yn hanfodol. Erbyn hyn, wrth gwrs, mae technoleg yn golygu y gall gwleidyddion dynnu llun o ddigwyddiad ar ffôn symudol a'i lwytho ar y we yn syth. Roedden ni'n gorfod dibynnu ar bapur newydd lleol i yrru ffotograffydd i dynnu llun fyddai (efallai) yn cael ei gyhoeddi yng nghrombil y papur wythnos yn ddiweddarach, neu y byddai'r BBC neu HTV yn gyrru newyddiadurwr.

Byddwn yn ei heglu hi i lawr i Gaerdydd ben bore Mawrth – ar y trên o Wrecsam gan amlaf. Gallai hyn fod yn drafferthus ac yn heriol, o ganlyniad i faterion y tu hwnt i'm rheolaeth. Byddai trenau'n aml yn hwyr neu'n cael eu canslo, a olygai golli cysylltiadau ymlaen i Gaerdydd, a weithiau byddai llifogydd yn Henffordd oedd yn golygu na allwn fynd ymhellach. Ro'n i'n gwneud fy ngorau i fod yn amgylcheddol gyfeillgar drwy ddefnyddio trafnidiaeth gyhoeddus, ac roedd hi'n bosib i mi fanteisio ar y daith drên i wneud chydig o waith, oedd yn beth braf ond yn broblemus o ran cyfrinachedd a phreifatrwydd, ond o bryd i'w gilydd ro'n i'n gorfod gyrru i lawr i'r Senedd. Roedd y sefyllfa'n wahanol yn fy etholaeth, wrth gwrs – roedd hi'n amhosibl mynd o gwmpas gogledd Cymru ar drên (na bws, hyd yn oed) mewn da bryd i gyflawni'r gofynion niferus oedd arna i, felly ro'n i'n gorfod defnyddio'r car i deithio ar hyd a lled y rhanbarth. Mi wnes i ddefnyddio'r awyren o Fôn i Gaerdydd unwaith neu ddwy, ond doeddwn i ddim yn hoffi gwneud hyn gan 'mod i'n anghytuno efo'r ffaith fod arian cyhoeddus wedi'i ddefnyddio i sefydlu'r gwasanaeth hwn yn hytrach na buddsoddi'r arian yn ein system reilffordd.

Yn anffodus, doedd fy nhrafferthion teithio o ddim diddordeb i Chwip y blaid, Kirsty Williams, nac ychwaith i arweinydd ein grŵp yn y Cynulliad, Mike German. Roedden nhw'n cwyno petawn i'n digwydd bod yn hwyr, ac yn sicr wnaethon nhw erioed ddangos unrhyw gydymdeimlad i aelodau o'r gogledd oedd yn gorfod gwneud y daith hir i'r

Quentin Dodd, Cadeirydd Cyngor Sir Fflint, ei wraig, Adele, a fi

de. Fi oedd yn teithio bellaf yn fy grŵp, ddwywaith yr wythnos, ac roedd Mick yn gorfod gyrru o Lanfair Caereinion. Ar wahân i'r arweinydd, y Chwip ydi'r person mwyaf pwerus mewn grŵp seneddol, yn sicrhau fod ymddygiad pleidiol a phersonol yr Aelodau yn cyd-fynd â'u gofynion nhw. Golygai hyn fod angen i mi gael caniatâd Kirsty i wneud rhywbeth fel teithio'n ôl i'r gogledd am unrhyw reswm personol neu broffesiynol – os nad oedd yr hyn ro'n i'n ei ofyn yn siwtio hi, roedd yn rhaid i mi aros yng Nghaerdydd. Croeso i fywyd fel Aelod Cynulliad o'r Gogledd Pell! Mae cyfarfodydd Zoom wedi hwyluso cymaint ar bethau erbyn hyn.

Y materion ro'n i'n eu hystyried bwysicaf oedd y rhai oedd yn ymwneud â f'etholaeth. Ceisiais wneud fy ngorau glas i helpu fy etholwyr – roedd pobl angen help i gysylltu efo gwahanol gyrff cyhoeddus i ddatrys problemau, a chefnogaeth gyda sefyllfaoedd amrywiol oedd yn effeithio ar eu bywydau bob dydd, fel prinder toiledau cyhoeddus a

Yn Eisteddfod Llangollen gyda Dafydd Elis-Thomas a John Marek tua 2008

chysylltiad y we i gymunedau gwledig. Drwy 'mywyd dwi wedi bodloni ar wneud y pethau bychain – doedd dim siawns ein bod ni fel gwleidyddion newydd am gael bod yn gyfrifol am newid deddfau ac ati yn y blynyddoedd cyntaf hynny o ddatganoli, felly fy mlaenoriaeth oedd gwneud bywydau pobl gyffredin gogledd Cymru'n haws. Problemau iechyd oedd yn pryderu pobl fwyaf, a materion yn ymwneud â chynghorau megis addysg, tai a thrafnidiaeth. Dywedodd Ron Davies, 'devolution is a journey, not an event', a dwi'n credu 'mod i wedi trio fy ngorau i chwarae rhan bositif yn y siwrnai honno.

Ro'n i'n lobïo'n galed am welliannau, yn cynnwys (wrth gwrs) cyflwr gwael y trenau, i wneud pethau'n haws i ni o'r gogledd – yn wleidyddion ac aelodau eraill o'r cyhoedd – gyrraedd ein prifddinas mewn da bryd i wneud diwrnod o waith. Roedd hefyd yn anrhydedd cael brwydro ar ran nifer fawr o gyrff, fel Eisteddfod Ryngwladol Llangollen, oedd yn haeddu mwy o gymorthdaliadau nag yr oedd hi'n eu cael i

John Davies, Mark Willliams a finne'n ymgyrchu yng Ngheredigion

*Rhodri Morgan (uchod), Mick Bates, Jenny Randerson a
Dafydd Elis-Thomas (isod) mewn cyfarfod anffurfiol*

gynnal gwyliau a digwyddiadau safonol. Roedd y rhain bryd hynny, fel heddiw, yn help i hyrwyddo Cymru ar draws y byd.

Ar foreau Mawrth roedd grŵp y Democratiaid Rhyddfrydol (Mike German, Jenny Randerson, Kirsty Williams, Peter Black, Mick Bates a fi) yn cyfarfod yng Nghaerdydd i drafod agenda'r wythnos yn y siambr a chynnwys rhai o'r pwyllgorau pwysicaf. Mi fydden ni hefyd yn sgwrsio am faterion o bwys i ni a'n Haelodau Seneddol yn San Steffan, sef Mark Williams (Ceredigion) a Roger Wiliams (Brycheiniog a Maesyfed), a'n Harglwyddi, Roger Livesey a Martin Thomas. Mi wnes i lawer i helpu ymgyrchoedd Mark yn ei etholaeth, gan ddod i'w nabod o a'i deulu – pobl glên ac agos atoch – ac roedd o'n weithgar dros ben ar ran ei etholwyr.

Byddai sesiwn gyntaf yr wythnos yn y Cynulliad yn dechrau fel arfer am 1.30 y pnawn efo Cwestiynau i'r Prif Weinidog, sef Rhodri Morgan bryd hynny. Wedyn, drwy'r pnawn, byddai dadleuon ar wahanol bynciau o ddewis y llywodraeth. Ar fore Mercher, byddai pwyllgorau amrywiol yn cael eu cynnal, ac yn y pnawn roedd cyfle i Aelodau ofyn cwestiynau i wahanol weinidogion a chlywed datganiadau ganddyn nhw, a byddai dadleuon gan y pleidiau eraill ar bynciau pwysig y dydd.

Fy nhrafodaeth bersonol gyntaf i oedd dadl fer i gyflwyno fy nghynnig i ailsefydlu rhwydwaith rheilffyrdd Cymru, yng nghyd-destun y rheilffordd o Riwabon i'r Bermo, wedi i Mr Beeching eu dymchwel ar ran y Ceidwadwyr yn y chwedegau cynnar. Doeddwn i ddim yn disgwyl llawer o ganlyniad gan nad oedd y Cynulliad cyntaf yn meddu ar y grym i newid deddfau – yn hytrach, codi ymwybyddiaeth a lobïo oedd fy nod. Prosesu deddfau o Lundain ac Ewrop ac asesu'r canlyniadau oedd ein dyletswydd yn nyddiau cynnar y Cynulliad, ond roedd cael y cyfle i gyflwyno cynnig fel f'un i mewn dadl fer yn codi ymwybyddiaeth am bwnc oedd yn agos i'm calon.

Roedd gan lawer o aelodau'r cyfryngau a'r wasg agwedd ddirmygus tuag atom ni'r Aelodau Rhanbarthol, ac roedd yr un peth yn wir am rai o'r Aelodau Llafur. Mae cyfeiriad at hyn yn y gyfrol *Contemporary Wales Vol 19* (2007): ynddi

Efo Lembit Opik yn Bournemouth oddeutu 2005.
Roedd cynadleddau'r Blaid yn cael eu cynnal yno'n aml.

dywed Jonathan Bradbury, 'It was alleged by the Labour Party that Constituency AMs did more constituency work than List AMs'. Er mai'r blaid Lafur oedd yn llywodraethu, a'u bod wedi cytuno i'r drefn newydd i gael Aelodau Etholaethol a rhestrau rhanbarthol, credai llawer o'r grŵp Llafur fod yr Aelodau rhanbarthol hyn yn tresmasu ar eu hetholaethau 'nhw'. Er enghraifft, pan o'n i'n gweithio'n ddiwyd ar hyd a lled gogledd Cymru, ac yn cael fy ngwahodd i wahanol achlysuron ar y cyd ag AS yr etholaeth, fyddwn i ddim cael fy nghynnwys yn y lluniau oedd yn cael eu tynnu ar gyfer y wasg, nag yn adroddiadau newyddion y radio neu'r teledu. Roedd hyn ymhell cyn bodolaeth hunluniau, ac roedd yn bwysig fod yr etholwyr yn gweld 'mod i'n gweithio i'w cynrychioli yn ogystal â'u ACau etholaethol, felly ro'n i'n teimlo dan anfantais. Siaradais am hyn yn fy ngrŵp – ro'n i'n meddwl ei bod yn bwysig sôn am fy mhrofiad, yn enwedig o gofio fy mod yn eitha newydd ac am i etholwyr gogledd Cymru weld 'mod i'n brysur ar eu rhan, ond ni wnaethpwyd unrhyw beth i wella'r sefyllfa. Cofiaf un tro i mi gael fy ngwahodd i ddigwyddiad wedi'i drefnu gan asiantaeth dai leol yng Nglannau Dyfrdwy, ond ar ôl i mi gyrraedd deallais mai dim ond yr Aelod Etholaeth oedd yn cael siarad â'r gwestai arbennig, sef aelod o'r teulu brenhinol. Doeddwn i, yr Aelod Rhanbarthol, ddim yn ddigon pwysig na dylanwadol i fod yn rhan o'r drafodaeth. Es i oddi yno'n syth, ac yn groes i'm agwedd gefnogol arferol, penderfynais na fyddwn yn mynd allan o fy ffordd i helpu'r person oedd wedi fy ngwahodd petai'n dod ata i yn y dyfodol.

O gofio am brofiadau fel hyn, mae gen i ddiddordeb mawr mewn gweld sut y bydd y drefn etholiadol newydd gymhleth sy'n mynd i gael ei defnyddio yn etholiad 2026 yn gweithio. Mae'r drefn newydd, system rhestr gyfrannol gaeedig, yn mynd i greu 16 o etholaethau anferth ar draws y rhan fwyaf o Gymru, etholaethau amrywiol iawn o ran poblogaeth, tirwedd, diwydiant ac anghenion, gyda chwe AS ar gyfer pob etholaeth. Mae'r Blaid Lafur wastad wedi gwrthwynebu'r drefn hon yn y gorffennol – amser a ddengys sut y bydd y llywodraeth bresennol a'r cyhoedd yn dygymod â'r newidiadau hyn.

Pennod 9

Yn fuan wedi i mi ddechrau ar fy ngwaith fel Aelod Cynulliad mynychais fy nghynhadledd gyntaf y tu allan i Gaerdydd: cynhadledd Cymdeithas Seneddol y Gymanwlad, y Commonwealth Parliamentary Association, yn rhinwedd fy swydd. Roedd pob cyfarfod ar bopeth yn y Cynulliad yn drawsbleidiol, wrth gwrs, i sicrhau fod pawb yn cael ei gynrychioli'n deg, a'r criw oedd i deithio i'r gynhadledd oedd Dr John Marek (Llafur), John Griffiths (Llafur), yr Athro Phil Williams (Plaid Cymru), Alun Cairns (Ceidwadwyr) a finne ar ran y Democratiaid Rhyddfrydol.

Sioc bleserus oedd darganfod bod y gynhadledd yn cael ei chynnal yn Awstralia! Ro'n i'n ei hystyried yn anrhydedd, ac er y gallai rhywun feddwl mai *jolly* oedd y trip, ro'n i'n cymryd fy nghyfrifoldebau o ddifri. Roedd y siwrnai i ochr arall y byd yn un hir ac anghyfforddus, gan fy mod yn teithio ar docyn economi o Fanceinion, ac yn aros am ddwyawr ym maes awyr Singapore cyn hedfan i Adelaide yn ne Awstralia.

Roedd gofyn paratoi'n drwyadl, yn

Annerch Cynhadledd Gymreig y Blaid

enwedig ar gyfer fy araith yn y ddadl am bwysigrwydd menywod mewn gwleidyddiaeth i'r gynulleidfa o Aelodau o Dŷ'r Arglwyddi ac Aelodau Seneddol gwledydd y Gymanwlad. Pacio oedd y cur pen arall – mae penderfynu beth i'w bacio yn bwysicach i ferched nag i ddynion gan fod y cyfryngau, ble bynnag maen nhw, yn tueddu i dynnu sylw at ein gwisgoedd a'n hedrychiad cyffredinol yn ogystal â'r hyn rydyn ni'n ei ddweud.

Felly, ar ddechrau Medi 2001, i ffwrdd â fi o Fanceinion i Awstralia. Rhyddhad llwyr oedd cyrraedd Singapore a dod o hyd i bwll nofio yn y maes awyr – roedd gen i ddigon o amser i gael chydig o ymarfer corff cyn ailgychwyn ar y daith i Adelaide. Roedd yn braf cael tynnu'r sanau hir ro'n i'n gorfod eu gwisgo i atal DVT, ac mi wnaeth y nofio fyd o les i mi. Hon oedd y daith bellaf i mi ei gwneud ar fy mhen fy hun ond doedd hynny ddim yn fy mhoeni. Dwi'n lwcus fod gen i natur anturus, a 'mod i'n hoff o brofiadau newydd.

Yn fuan iawn ar ôl i ni gyrraedd Adelaide roedd cinio ffurfiol wedi'i drefnu ar ein cyfer, yn ogystal ag ymweliadau â busnesau cyfagos ar Kangaroo Island, i'r de o'r ddinas.

Wedyn, cludwyd ni mewn bws i Melbourne ar gyfer sesiwn lawn (Plenary Session) yn adeilad senedd gyntaf Awstralia.

I Canberra â ni nesaf, i fynychu'r Senedd ar gyfer cynhadledd lawn arall, sef y trafodaethau cynhwysfawr a busnes ffurfiol y gynhadledd.

Yn Senedd Canberra,
Medi 2001

Siambr Senedd Canberra

Edrych allan o Senedd Canberra, 2001

Yn ystod y cyfan, cefais gwrdd ag ASau o San Steffan a chynrychiolwyr o Dŷ'r Arglwyddi, yn ogystal â gwleidyddion o wledydd eraill y Gymanwlad, oedd yn brofiad pleserus a defnyddiol iawn, i drafod materion o bwys yn rhyngwladol ac i Gymru.

Un diwrnod, tra oeddwn yn paratoi at ddiwrnod arall prysur yn y gynhadledd, daeth y newyddion brawychus fod terfysgwyr wedi ymosod ar yr Unol Daleithiau gan hedfan awyrennau i Ganolfan

Fasnach y Byd yn Efrog Newydd a'r Pentagon yn Virginia. Y dyddiad oedd Medi 11eg – dyddiad sydd, erbyn hyn, wedi'i anfarwoli gan yr hyn ddigwyddodd. Ben bore oedd hi, a gwelais y cyfan ar y teledu wrth i mi baratoi i fynd i lawr i frecwast. Meddyliais i ddechrau, fel y gwnaeth miloedd o bobl eraill ar y pryd, dwi'n siŵr, mai ffilm oedd yn cael ei dangos.

Brysiais i lawr y staer i gael brecwast, a darganfod bod aelodau eraill y gynhadledd yn trafod y datblygiadau trychinebus. Roedd yr hyn roedden ni'n ei weld ar y newyddion yn destun sioc a braw i bawb, a gan ein bod, fel criw, ymysg aelodau o reng uchaf llywodraethau sawl gwlad, yn cynnwys Awstralia ei hun, datganwyd Red Alert: y raddfa uchaf o ddiogelwch mewn sefyllfa o'r fath.

Gwnaed y penderfyniad i barhau â'r gynhadledd, ond roedd cwmwl tywyll ofnadwy dros y cyfan. Yn ogystal, roedd y drychineb wedi cael effaith ar ehediadau ledled y byd, wrth i gwmnïau awyrennau asesu'r perygl y gallai'r un

Menywod Cynhadledd Cymdeithas Senedd y Gymanwlad yn Canberra, 2001

peth ddigwydd i un o'u hawyrennau nhw. Doedd neb yn siŵr iawn oedden ni am allu mynd adref ai peidio, yn enwedig pan glywson ni fod un o gwmnïau awyrennau Awstralia wedi mynd i'r wal, a bod peth ansicrwydd ynglŷn â hedfan o faes awyr Canberra.

Yn ffodus, ches i ddim llawer o drafferth i adael Canberra, ond roedd yn rhaid i mi hedfan drwy Melbourne i Sydney. Ro'n i wedi trefnu i gymryd ychydig o wyliau ar ddiwedd y gynhadledd er mwyn ymweld â theulu Mam, felly ro'n i'n hedfan i Seland Newydd yn hytrach nag i Brydain, a wnaeth bethau'n haws. Ro'n i hefyd wedi trefnu efo uned fusnes y Cynulliad i dalu am fy nhocyn fy hun, rhag ofn i rywun awgrymu 'mod i'n defnyddio arian cyhoeddus at ddibenion personol. Do'n i ddim yn nerfus iawn cyn hedfan o Awstralia, yn rhyfeddol, gan i mi berswadio fy hun y byddai staff y maes awyr a'r awyren yn fwy gwyliadwrus a gofalus nag arfer ar ôl ymosodiad terfysgol fel hwn.

Cychwynnais ar y daith, a gan fod gen i chydig oriau yn

Amser rhydd yn Sydney, 2001

rhydd yn Sydney cyn hedfan ymlaen i Auckland, daliais drên i'r porthladd a chwch i'r harbwr er mwyn cael golwg ar y Tŷ Opera enwog.

Ro'n i wedi trefnu i aros efo fy nghyfnither, Megan, a'i gŵr, Mike, ar ochr ddeheuol dinas Auckland mewn ardal hyfryd. Ffermwyr oedd y ddau, yn dilyn traddodiad y teulu, ond roedd eu cnydau'n wahanol iawn i'n rhai ni yng Nghymru, sef afocados a persimmons – ffrwyth diddorol, rhyw gyfuniad o afal ac oren, oedd yn boblogaidd iawn. Roedd y tywydd yn ffafriol yno a'r hinsawdd yn debyg iawn i ardaloedd Môr y Canoldir, fel y gŵyr llawer o ffermwyr ifanc o Gymru sy'n heidio i weithio yn Seland Newydd. Doeddwn i ddim wedi cwrdd â theulu Megan – yn wir, dim ond unwaith ro'n i wedi cyfarfod Megan ei hun, a hynny pan ddaeth hi draw i Brydain am gyfnod yn y saithdegau cynnar. Pleser oedd cael cyfarfod fy nghyfnitherod Jan a Susan, a 'nghefnder, Rick, yno.

Fel y soniais, brawd fy nhaid, Bob White, aeth i fyw yn ynys ogleddol Seland Newydd yn 1910, a hynny er mwyn gwneud bywoliaeth trwy ffermio fel roedd ei dad a'i frodyr yn ei wneud yng Nghymru. Cafodd Bob a'i wraig, Gertrude, ddau fachgen: Glaves a Dick. Ar ddechrau'r Ail Ryfel Byd daeth Dick, oedd erbyn hynny'n beilot yn NZRAF (llu awyr Seland Newydd), draw i Brydain i roi ei gymorth i Brydain. Gwnaeth llawer o'i gyd-

Yn Seland Newydd ar ôl 9/11

beilotiaid o Seland Newydd yr un fath, ac mi fuon nhw'n hedfan ar draws y Sianel, i Ffrainc a'r Almaen er mwyn ceisio trechu'r Natsïaid. Bryd hynny bu Dick yn aros efo Mam a'i theulu yng Nghynwyd Fechan, ond yn drist iawn, cafodd ei ladd yn ystod un o'r hediadau hynny dros y Sianel, rhyw ddeufis ar ôl dechrau ar ei waith yn beilot. Roedd Dick yn cadw dyddiaduron manwl oedd yn disgrifio'r cyfnod a'r anturiaethau cyffrous y bu iddo eu cael, ac mae fy nghyfnither, Sue Pierce (White gynt), wedi ysgrifennu llyfr diddorol wedi'i seilio ar y ddyddiaduron hynny.

Cyn i mi adael Seland Newydd, ro'n i wedi trefnu i hedfan ar awyren fechan i lawr i Wanganui ar arfordir y gorllewin, i ymweld ag aelodau eraill o'r teulu. Roedd hynny'n brofiad unigryw, gan mai dim ond tua chwech ohonon ni deithwyr oedd yn yr awyren bropelar swnllyd. Tra o'n i yn y fan honno, cefais gyfle i dynnu lluniau o gerrig beddi'r teulu er mwyn eu dangos i Mam ar ôl dychwelyd adref.

Fi efo Paddy Ashdown (arweinydd y blaid)
Cynhadledd Ffederal y Democratiaid Rhyddfrydol, 1999

Teithiais wedyn i Taupo yn y gogledd, ond gan fod amser yn brin, ches i ddim treulio cymaint o amser ag y byddwn wedi hoffi efo Beverly, fy modryb, yno cyn hedfan yn ôl i Aukland ac ymlaen i Heathrow.

Ar ôl y daith hir i Lundain (drwy Bangkok ac i'r gogledd o'r Dwyrain Canol y tro hwn, oherwydd digwyddiadau trychinebus 9/11), roedd yn rhaid i mi deithio'n syth i lawr i Bournemouth er mwyn mynychu Cynhadledd Ffederal y Democratiaid Rhyddfrydol.

Roedd hi'n gynhadledd ddiddorol, a chefais sgyrsiau difyr efo Paddy Ashdown, Richard Livesey, Alex Carlisle, Lembit Opik a Shirley Williams AS. Cefais hefyd y fraint o gyfarfod yr Arglwydd Conrad Russell, ac eraill o enwogion y Blaid. Do'n i ddim wedi cyfarfod y rhan fwyaf o aelodau San Steffan a chriw Tŷ'r Arglwyddi cyn hynny, felly roedd yn braf cael bod yn eu mysg. Roedd cyfryngau Cymru, wrth gwrs, yn adrodd ar yr hyn oedd yn digwydd yn Bournemouth, a bu i mi gymryd rhan mewn rhaglen radio yng

Efo Phil Willis (Yr Arglwydd Willis o Knavesborough), cynhadledd y blaid yn Bournemouth, 2001

nghwmni'r Arglwydd Geraint Howells o'r gynhadledd, a chael fy nghyfweld yn y Gymraeg ar ambell raglen newyddion.

Pennod 10

Gwibiodd yr amser heibio, a chyn hir roedd yn amser dechrau ymgyrchu ar gyfer etholiad y Cynulliad yn 2003: yr ail etholiad ar ôl Datganoli. Ro'n i'n brwydro i fod ar ben y rhestr ranbarthol ar gyfer etholaeth Gogledd Cymru, ac i gael enwebiad y blaid i sefyll mewn etholaeth unigol yn ogystal – etholaeth Gorllewin Clwyd y tro hwn. Roedd hwn yn brofiad heriol, ac yn ffodus, cefais y lle cyntaf ar restr y Democratiaid Rhyddfrydol yn ogystal â'r enwebiad i sefyll yn yr etholaeth. Rhoddodd hyn hyder i mi ar gyfer y frwydr galed oedd o 'mlaen.

Alun Pugh enillodd y sedd i'r Blaid Lafur, ac ar ôl i ni gael digon o bleidleisiau rhanbarthol, yn ôl y drefn ar y pryd, fi oedd AC y Democratiaid Rhyddfrydol dros etholaeth Gogledd Cymru am yr ail dro. Hwyrach mai ar hap a damwain y cefais fy hun yn AC yn y lle cyntaf, ond ro'n i wedi gweithio'n galed yn fy swydd newydd er budd fy etholwyr, ac hefyd i berswadio aelodau hŷn y blaid 'mod i'n haeddu bod yno. Ro'n i'n ystyried y ffaith i mi ailennill fy sedd yn f'enw fy hun, y tro hwn, yn brawf 'mod i wedi llwyddo ar y ddau gownt.

Roedd Cynulliad 2003 yn un nodedig, gan fod nifer yr aelodau gwrywaidd a benywaidd yn gyfartal. Roedd hon yn sefyllfa unigryw ym Mhrydain, ac yn ôl y sôn doedd y peth ddim wedi digwydd yn unman arall yn y byd cyn hynny chwaith. Mi wn fod y Blaid Lafur wedi gwneud ymdrech i gael mwy o fenywod i sefyll trwy baru etholaethau ond credaf fod y menywod a gyrhaeddodd Caerdydd i gyd wedi gweithio'n galed i ennill eu seddi. Yn ogystal, dwi'n credu ein bod ni fel menywod trawsbleidiol wedi cydweithio'n agosach na'r dynion ac ar bynciau nad oeddynt yn flaenoriaeth cynt – materion oedd yn bwysig i deuluoedd megis lles plant, trais ac yn y blaen.

Un o'r pynciau hyn oedd cosbi plant yn gorfforol. Roedd Christine Chapman (AC Llafur Cwm Cynon) yn lobïo i wneud hyn yn anghyfreithlon, ac er mwyn cael darlun ehangach o'r sefyllfa cafodd ganiatâd i fynychu cynhadledd ryngwladol ar y pwnc yn Stockholm. Roedd hwn yn gyfle i dysgu mwy am yr ymchwil oedd yn cael ei wneud yng ngwledydd Ewrop i gosbi plant yn gorfforol, a thrafod syniadau â chynrychiolwyr o lywodraethau eraill. Mi ges i wahoddiad i fynd efo hi, gan 'mod inne'n cymryd diddordeb penodol yn y pwnc.

Felly, un nos Iau aeafol o Ionawr, ar ôl i bwyllgorau'r Cynulliad yng Nghaerdydd ddod i ben am yr wythnos, i ffwrdd â ni. Gyrrodd Chris ei char yn ofalus drwy'r rhew a'r eira ar hyd yr M4 i Heathrow, er mwyn cyrraedd mewn da bryd i hedfan am chwech y bore wedyn. Roedd hi'n siwrnai araf a thrafferthus oherwydd y tywydd garw, a dim ond chydig oriau o gwsg gawson ni gan fod angen i ni gyrraedd y maes awyr am dri y bore.

Cawsom ehediad eithaf anghyfforddus oherwydd y tywydd mawr, ond pan gyrhaeddon ni Stockholm, lle maen nhw'n arfer delio â rhew ac eira trwm am fisoedd bob blwyddyn, roedd popeth yn rhedeg yn esmwyth.

Mae Stockholm yn ddinas ddiddorol wedi'i lleoli ar nifer o ynysoedd, a chawsom gyfle i gerdded o gwmpas ei strydoedd ar ôl y gynhadledd. Ro'n i wedi dotio at y ffordd roedd ein tywysydd yn llwyddo i groesi'r ffyrdd prysur drwy sefyll yng nghanol y ffordd a chodi'i braich. Roedd y ceir yn stopio'n stond i'n galluogi ni i groesi'n hamddenol heb niwed!

Roedd y gynhadledd yn un lwyddiannus, a dysgais dipyn dros y ddau ddiwrnod wrth i wahanol arbenigwyr profiadol

Yn yr Ice Hotel yn Sweden, 2005

roi tystiolaeth a chyflwyno'u hymchwil. Diddorol oedd clywed am agweddau Sweden a gwledydd eraill ynglŷn â chosbi plant yn gorfforol, ac allwn i ddim aros i gyrraedd yn ôl i Gaerdydd, yn y gobaith o ddechrau ar y gwaith o ddiwygio'r gyfraith yng Nghymru er lles y plant. Cefais i a Christine gyfle i gyflwyno adroddiadau a bwydo i mewn i drafodaethau yn y Cynulliad, a galluogodd hynny Christine i greu'r ddeddfwriaeth newydd.

Fel aelod dros Ranbarth Gogledd Cymru ro'n i a'r aelodau eraill oedd yn byw yn bell o Gaerdydd fel arfer yn aros yn y ddinas o nos Lun neu nos Fawrth tan nos Fercher neu nos Iau. Yn naturiol ddigon, felly, roedden ni'n cymdeithasu ar ôl ein gwaith fin nos. Golygai hyn 'mod i'n gweld mwy ar aelodau'r pleidiau eraill o'r canolbarth a gogledd Cymru nag aelodau fy mhlaid fy hun, oedd yn dueddol o fynd adref gan eu bod yn byw yn nes. Achosodd hyn sawl camddealltwriaeth rhyngdda i a'r Chwip, Kirsty Williams, ddaeth yn arweinydd ar y blaid yng Nghymru yn ddiweddarach. Cefais fy nghyhuddo droeon o ddatgelu ein cyfrinachau pleidiol i'r aelodau yr o'n i'n gyfeillgar â nhw. Roedd hon yn sefyllfa chwerthinllyd, ac roedd Kirsty yn bod braidd yn naïf, yn fy marn i. Dywedais wrthi mai sefydliad bach oedd y Cynulliad, nid y Politbiwro, felly doedd hi ddim yn bosib cuddio unrhyw gyfrinachau. Cydweithio oedd y gôl, ac roedd hynny'n mynd i lwyddo'n well petai pawb yn siarad ac yn trafod efo'i gilydd yn rhesymol, y tu mewn i'r siambr a'r tu allan. Mynd yno i wneud fy ngorau dros fy etholwyr wnes i, a dyna oedd yn dod gyntaf, gan gyd-fynd ag egwyddorion fy mhlaid. Cael cyfiawnder i'm etholwyr oedd yn bwysig i mi, nid manteisio'n bersonol, fel mae Trump yn ei wneud mor amlwg a diegwyddor yn ddyddiol bellach.

Ro'n i'n teimlo nad oedd rhai ardaloedd o Gymru yn cael y gwariant roedden nhw'n ei haeddu, ac ro'n i'n anfodlon cyfaddawdu ar hynny, felly ro'n i wrth fy modd pan ges i'r anrhydedd o gadeirio Pwyllgor Rhanbarth Gogledd Cymru a sefydlwyd gan y Prif Weinidog, Rhodri Morgan. Ei nod oedd sicrhau fod y rhanbarth pellaf oddi wrth y Cynulliad yng Nghaerdydd yn teimlo'n nes at yr hyn oedd yn digwydd yno. Ro'n i o'r farn fod hyn yn hanfodol bwysig, ond nid pawb oedd yn rhannu'r farn honno. Dwi'n cofio mynd ag aelodau'r pwyllgor i lefydd anghysbell iawn i geisio dangos bod y Cynulliad yn berthnasol i drigolion yr ardaloedd hyn – Llanrhaeadr-ym-Mochnant yn etholaeth De Clwyd, lle magwyd fy nhad, oedd yr ymweliad cyntaf. Mi es i â'r pwyllgor i Landrillo ger Corwen hefyd, ond mi wnaeth un Aelod gamddeall gan gyrraedd Llandrillo yn Rhos mewn camgymeriad! Mi fu'r gweddill ohonon ni'n tynnu'i goes am rai wythnosau wedyn. Ymhen dim roedden ni wedi ymweld â phob twll a chornel o ogledd Cymru i godi ymwybyddiaeth am waith y Cynulliad. Yn y llyfr *Building a Civic Culture* (2002) ysgrifennodd Kathryn Hollingsworth erthygl am rôl y Pwyllgorau Rhanbarthol. Ynddi mae'n dweud, 'Given their advisory status, the role of the Regional Commitees is destined to be limited. Moreover, they are not seen a a priority for most AMs'. Efallai mai dyma deimlad yr ACau Llafur gan mai nhw oedd yn llywodraethu, ond fel Cadeirydd ro'n i'n credu'n gryf yn eu pwysigrwydd. Roedd angen dangos i'n hetholwyr ar draws gogledd Cymru fod y Cynulliad yn berthnasol iddyn nhw. Cofiwch, doedd

Cydweithio efo'r Groes Goch

dim cymaint o raglenni yn trafod gwaith y Cynulliad ar y radio a'r teledu ag sydd erbyn hyn, yn enwedig yn y Gymraeg, felly roedd y sefydliad yn ymddangos yn bell a dieithr – ac roedd o'n weddol newydd hefyd, felly roedd hi'n bwysicach fyth i ni genhadu ar ei ran.

Ro'n i'n falch iawn fod ein Prif Weinidog ei hun yn dod i annerch y pwyllgorau hyn, ac yn ateb cwestiynau'r cynulleidfaoedd rhanbarthol, oedd weithiau'n rhai anodd. Roedd amrywiol themâu yn poeni'r etholwyr, ond roedd y cwestiynau oedd yn cael eu gofyn amlaf yn ymwneud â iechyd. Does dim llawer wedi newid, dwi'n siŵr.

Gwnaethpwyd i ffwrdd â'r pwyllgor hwn yn ddiweddarach – doedd rhai aelodau, fel Dafydd Elis-Thomas a Kirsty Williams, erioed wedi gweld gwerth ynddo – a chafodd llawer o'r gwaith da roedden ni wedi'i wneud i sicrhau fod y Cynulliad yn fwy perthnasol i bobl gogledd Cymru ei ddad-wneud.

Tîm University Challenge y Cynulliad, 2004
(llun cyhoeddusrwydd y BBC)

Yn ogystal â'r gwaith caled, roedd ambell gyfle i gael hwyl yn rhinwedd fy swydd wleidyddol hefyd. Profiad unigryw a bythgofiadwy oedd cael fy newis yn gapten ar dîm i gynrychioli'r Cynulliad ar y rhaglen gwis deledu *University Challenge* ym Mawrth 2004. Pan o'n i adref dros y Nadolig cynt, mi ges i alwad ffôn reit od gan ein pennaeth cyfathrebu, a ofynnodd tua deugain cwestiwn i mi – cwestiynau tebyg i'r rhai oedd yn cael eu gofyn ar y rhaglen yn wythnosol. Ges i amser i baratoi? Na, Dim peryg! Ffoniodd eto, rai dyddiau'n ddiweddarach, i ddweud mai fi oedd wedi ateb y cwestiynau orau o blith criw'r Democratiaid Rhyddfrydol (Mike, Jenny, Peter, Mick a Kirsty), felly fi fyddai'n cynrychioli'r blaid yn y tîm, gyda thri aelod o'r pleidiau eraill. Clywais hefyd mai fi fyddai'r capten! Aelodau eraill y tîm oedd Nick Bourne ar ran y Ceidwadwyr, Hugh Lewis o'r Blaid Lafur a Jocelyn Davies yn cynrychioli Plaid Cymru. Doedd ddim sôn am drafodaeth i drafod ein tactegau, na chyfle i ddod at ein gilydd i ymarfer chwaith, gan ei bod yn wyliau. Dyna fy Nadolig i wedi'i gynhyrfu!

Cyn diwrnod y ffilmio, cawsom ein cyfweld yn y cyntedd o flaen y Siambr wreiddiol gan Rhun ap Iorwerth ar ran newyddion y BBC. Gofynnodd gwestiynau am chwaraeon ac enwogion o'r byd canu pop a'r ffilmiau i ni er mwyn ein rhoi ar brawf – ro'n i'n meddwl ar y pryd eu bod yn gwestiynau anaddas o gofio safon *University Challenge*, ac mi ges i'r argraff ei fod o am i ni edrych yn wirion. Does gen i ddim syniad pam.

Chawson ni ddim amser i baratoi ar gyfer ein hymddangosiad ar y teledu gan fod pawb mor brysur, a theithiodd pawb i Fanceinion ar ei liwt ei hun ddechrau Mawrth 2004. Daeth fy mab efo fi yn gwmni, ac i leddfu rhywfaint ar fy nerfau. Ro'n i'n nerfus iawn, ond ar y llaw arall roedden ni i gyd yn y tîm yn gyrru mlaen yn dda efo'n gilydd, ac yn yr un cwch. Y cwbwl allen ni ei wneud oedd gobeithio na fydden ni'n gwneud ffyliaid ohonon ni'n hunain!

Aelodau Senedd yr Alban o Gaeredin oedd yn cystadlu

Ymgyrchu yn ardal Wrecsam yng nghwmni criw lleol, 2007

yn ein herbyn. Bobol bach, roedden nhw'n amlwg wedi paratoi'n drylwyr, ac yn dal i wneud peth adolygu munud olaf wrth fynd i'r stiwdio! Ceisiais eu hanwybyddu rhag i'r nerfau daro eto. Yn y stiwdio ym Manceinion, cawsom ein hebrwng i'r set bron yn syth, heb ymarfer yr un gronyn. Mi ges i'r argraff fod Jeremy Paxman yn ddirmygus o wleidyddion, a wnaeth o ddim sgwrsio fawr ddim efo ni cyn i'r camerâu ddechrau recordio.

Dechreuodd yr holi, a chyn hir roedden ni ar y blaen! Ond cael ein trechu gan yr Albanwyr fu ein hanes yn y pen draw. Serch hynny roedden ni'n pedwar yn falch o'n perfformiadau, a chawsom bryd o fwyd hwyliog efo'n gilydd ar ôl yr ornest.

Mae'n ddiddorol meddwl, wrth edrych yn ôl, 'mod i wedi gyrru mlaen cystal efo aelodau o'r pleidiau eraill ag yr o'n i efo'r unigolion oedd yn fy mhlaid fy hun. Mae bywyd gwleidyddol yn anodd i'w ddisgrifio – mae'n gallu bod yn rhyfedd o wahanol i fywyd y tu allan i'r bybl seneddol, ac

Sylwebu ar un o etholiadau San Steffan

115

mae gofynion y swydd yn gallu amharu ar fywydau personol yr aelodau. Mi ges i brofiad personol o hyn. Oherwydd bod Chwip ein plaid wedi mynnu ein bod ni i gyd yn bresennol yn ystod y trafodaethau rhyngddon ni, Plaid Cymru a'r Ceidwadwyr ym Mai 2007, ar ôl yr etholiad (ro'n i wedi cadw fy ngafael ar y sedd ranbarthol), i sefydlu Clymblaid yr Enfys, y Rainbow Coalition, collais y cyfle i ymuno â 'nheulu i ddathlu pen-blwydd Mam yn 90. Roedd honno'n ergyd drist a thrychinebus gan i Mam farw chydig dros fis yn ddiweddarach. Roedd yn amhosib i mi egluro'r sefyllfa'n iawn i'r teulu ar y pryd, ond credaf eu bod yn deall erbyn hyn. Serch hynny, dwi ddim yn credu y dylwn i fod wedi cael fy rhoi yn y sefyllfa honno.

Ar ôl i mi ddod dros fy ymddangosiad ar *University Challenge*, cefais y fraint amheus o ymddangos ar sawl rhaglen deledu arall. Mi ges i hyd yn oed ddod i gysylltiad eto efo Jeremy Paxman, yn anuniongyrchol! Fo oedd yn cyflwyno *Newsnight*, a chefais fy nghyfweld ar y rhaglen gan

Dewi Llwyd a phanel Pawb a'i Farn: *Hywel Williams* (*Plaid Cymru*), *Glyn Davies* (*Ceid.*), *fi ac Alwyn Humphreys* (*Llafur*)

Guto Harri ynglŷn ag un o'r etholiadau y tu allan i'r Abbey Grange ger Llangollen, pan oeddwn yn mynychu cyfarfod yno efo ffermwyr lleol. Fel arfer, poeni am ddiffyg cymorth mewn amser heriol oedd y ffermwyr, a gan mai drwy Lywodraeth Cymru roedd y cymorthdaliadau amaethyddol o goffrau Ewrop yn dod ar y pryd, ni oedd yn gorfod bod yn atebol. Fel merch fferm ro'n i'n cydymdeimlo â'u sefyllfa, ond doedd hi ddim yn hawdd delio â'u gofynion oherwydd cymhlethdodau gwleidyddol o wahanol gyfeiriadau. Tydi pethau ddim wedi newid yn y cyswllt hwnnw.

O bryd i'w gilydd byddwn yn cael gwahoddiad i fod ar banel *Pawb a'i Farn* ar S4C. Ro'n i'n teimlo dyletswydd i dderbyn y gwahoddiadau, ond do'n i ddim wastad yn mwynhau'r profiad. Mae un min nos o aeaf yn debygol o aros hefo fi am byth – roedd y daith i'r lleoliad recordio yn waeth na'r rhaglen ei hun! Roedd hi'n noson o eira trwm a finne'n gyrru o Landegla i gyfeiriad y Bala, i Drawsfynydd ac ymlaen i Flaenau Ffestiniog. Ro'n i i fod i gyrraedd erbyn 6.30 yh gan fod y rhaglen yn cael ei recordio'n fyw bryd hynny a'i darlledu am 8.30 yh yr un noson.

Roedd y tywydd yn eithriadol o aeafol a'r ffyrdd yn llithrig dros ben, ond roedd gen i raw a welintons yn y car rhag ofn mynd yn sownd, felly penderfynais fwrw mlaen â'r siwrnai. Ro'n i'n falch iawn pan gyrhaeddais yn saff, a dechreuais ymlacio wrth sgwrsio efo'r gynulleidfa a'r panelwyr eraill, oedd yn cynnwys Elfyn Llwyd – dyn awdurdodol, ffeind a hwyliog.

Pennod 11

Yng nghanol fy ngyrfa wleidyddol penderfynais y byddwn i'n hoffi roi cynnig ar gael recordio fy hun yn canu. Ro'n i'n dal i fwynhau canu – yn amatur, wrth gwrs – ac roedd y syniad o gael rhoi fy llais ar gof a chadw drwy gyfrwng CD yn apelio'n fawr ata i. Cysylltais â Geraint Lewis, y cerddor adnabyddus ro'n i'n ei nabod ers i mi gydweithio efo fo yng Ngŵyl Gerdd Gogledd Cymru beth amser ynghynt, i ofyn am ei gyngor. Roedden ni wedi dod ar draws ein gilydd sawl gwaith mewn digwyddiadau cerddorol ers i mi

Track listing

1. Ar lan y môr
2. Art thou troubled
3. Myfanwy
4. Bless this house
5. Blow the wind southerly
6. Caro mio ben
7. Er, der Herrlichste von Allen
8. Y blodau ger y drws

fod yn gwasanaethu yn y Cynulliad, ac ro'n i'n parchu ei farn. Dywedodd Geraint y dylwn gysylltu efo cwmni Sain, a dyna wnes i. Ar ôl aros am rai misoedd, cefais lythyr yn ôl ganddynt yn gwrthod fy nghais diniwed.

Soniais wrth Dafydd Wigley yn ddiweddarach fy mod wedi cael fy siomi pan ges i fy ngwrthod gan Sain. Gwenodd Dafydd yn garedig arna i, gan addo sôn wrth ei fab, Hywel, am fy sefyllfa. Roedd Hywel wedi sefydlu Stiwdio Acapela mewn hen gapel ym Mhentyrch, ac mi wnaeth o gytuno i mi gael mynd yno i recordio *demo tape* yn breifat, chwarae teg iddo, am bris reit rhesymol.

Ro'n i wedi dotio at yr hen gapel, oedd wedi'i addasu'n berffaith ar gyfer recordio a pherfformio cerddoriaeth fyw. Dan oruchwyliaeth benigamp Hywel Wigley, a chyfeiliant dawnus Geraint Lewis, canais fy hoff ganeuon. Roedd fy llais wedi blino'n llwyr erbyn y diwedd, ac mae hynny i'w glywed ar y recordiad, ond ro'n i mor ddiolchgar i'r ddau ffeind am y cyfle anhygoel. Mae un neu ddwy o'r caneuon bellach ar YouTube – efallai y dylwn i fod wedi magu digon o hyder i'w rhyddhau ar CD.

Yn ystod fy nghyfnod yn AC mi ges i fynychu amryw o achlysuron unigryw a ffurfiol iawn.

Roedd agoriad swyddogol y Cynulliad gan y Frenhines yn dipyn o sioe; felly hefyd agoriad yr Adeilad Seneddol Newydd. Dyma ddiwedd rhan gyntaf siwrnai'r Cynulliad ifanc, ar ddydd Gŵyl Dewi 2006. Roedd diogelwch yn hanfodol yn y digwyddiad hwn, fel ar bob achlysur yn ymwneud â'r Teulu Brenhinol, a chynhaliwyd seremoni agoriadol gydag anerchiad gan ein Llywydd, Dafydd Elis-Thomas, a'r Frenhines, yn ein Siambr Newydd.

Roedd fy swyddfa'n edrych dros safle adeiladu'r Siambr newydd – dechreuodd y gwaith ar Ddydd Gŵyl Dewi 2001, chydig cyn i mi gyrraedd y Cynulliad – ac roedd yn ddiddorol iawn ei weld yn datblygu o ddarn o dir moel, i'r Senedd wych ac eiconig a gynlluniwyd dan oruchwyliaeth y pensaer enwog Richard Rogers. Y gobaith oedd y byddai'r adeilad newydd yn datblygu'n symbol weledol o ddatganoli, ac y

Pier Head, lle roedd cyfarfodydd y Cynulliad yn cael eu cynnal cyn adeiladu'r Senedd newydd

byddai'n cael ei adnabod ledled y byd, a dwi o'r farn fod y freuddwyd honno wedi'i gwireddu.

Y tu mewn i'r adeilad mae'r siambr gron yn eitha bach, gan mai ar gyfer 60 Aelod Cynulliad yr adeiladwyd hi'n wreiddiol, ond erbyn etholiad Senedd 2026 bydd 96 o Aelodau Senedd Cymru yn ei llenwi, felly bydd yn cael ei hehangu'n arbennig. Dwi'n edrych ymlaen i weld y datblygiad newydd hwn.

Erbyn hyn mae llyfr hyfryd wedi'i gyhoeddi am adeilad y Senedd, yn plethu lluniau crefftus Andrew Molyneux a geiriau Trevor Fishlock. Mae'r gyfrol yn croniclo darn diddorol o'n hanes, ac mae'n rhyfedd meddwl fod y cyfan wedi digwydd tua chwarter canrif yn ôl. Cawsom wybod bod ffotograffydd o gwmpas y lle pan agorwyd y siambr newydd, ond doedden ni ddim yn ymwybodol o'i bresenoldeb o gwbl. Mi ges i sioc o weld lluniau ohona i yn y gyfrol, yn gweithio yn y siambr ac mewn un o'r pwyllgorau, yn edrych yn hollol naturiol. Bachais ar y cyfle i brynu copi, a gofynnais i'r diweddar gyn-Lywydd, yr Arglwydd Dafydd Elis-Thomas, ei lofnodi i mi. Roedd o'n ddigon caredig i wneud hynny, gyda'r geiriau 'I'm cyd-Aelod siriol, Eleanor'. Mae chwith mawr ar ei ôl. Er ei fod o'n gallu bod yn bigog efo fi pan oeddwn i, fel Aelod Rhanbarthol, yn ceisio gofyn cwestiynau roedd o'n ystyried oedd yn tramgwyddo ar ei etholaeth o, roedd o'n gawr o wleidydd ac mi fydd cymaint o agweddau o fywyd cyhoeddus Cymru yn dlotach hebddo.

Yn ogystal â'r ymweliadau gan y Frenhines, ambell waith mi gawson ni gwmni Charles, Tywysog Cymru ar y pryd. Dwi'n cofio gwrando arno'n sôn am ei waith a gwaith ei ymddiriedolaeth, y Prince's Trust, fu'n cefnogi miloedd o bobl ifanc dros hanner canrif, yn cynnwys y bobl ifanc ro'n i'n gweithio efo nhw cyn mynd i'r Cynulliad. Yn ddiweddarach, yn 2017, cafodd fy ngŵr wobr bersonol unigryw gan y tywysog am ei waith yn mentora pobl hŷn ddi-waith ar draws Cymru.

Dro arall bûm mewn cinio efo fo a Duges Cernyw ym mharc Margam yn ystod un o'i ymweliadau â ni, ac mi ges i

121

gychwyn blêr i'r noson unigryw! Roedd un o 'nghyd-aelodau wedi addo rhoi lifft i mi yno, ond ar ôl disgwyl amdani am hir y tu allan mewn glaw mân, a 'ngwallt fel bwgan brain, bu'n rhaid i mi alw tacsi i wneud yn siŵr fy mod yn cyrraedd mewn da bryd. Petawn ni'n hwyr i ddigwyddiad oedd yn cynnwys un o'r teulu brenhinol, roedd posibilrwydd na fyddwn yn cael mynediad – dyna'r drefn arferol oherwydd y trefniadau diogelwch. Anogais yrrwr y tacsi i roi ei droed i lawr, a chyrhaeddais jyst mewn pryd. Erbyn i mi gyrraedd roedd yr aelodau eraill i gyd yn y cyntedd yn sgwrsio dros ddiod, ac ar fin cael eu tywys i'r stafell ginio anferth. Dwi'n cofio rhyfeddu at y blodau a'r deiliach ar ganol y bwrdd hir – roedden nhw fel gwrych uchel, ac er nad oedd modd sgwrsio â neb ar draws y bwrdd oherwydd y gwrych, roedd hi'n noson hwyliog iawn. Pan dwi'n meddwl yn ôl am nosweithiau fel hon dwi'n ymwybodol fod y cof yn pallu, ac yn difaru na fuaswn i wedi cadw dyddiaduron er mwyn medru cofio mwy o fanylion.

Er 'mod i wedi mwynhau cyfarfod aelodau unigol y teulu brenhinol dros y blynyddoedd, teimladau cymysg sydd gen i ynglŷn â'r Frenhiniaeth. Credaf bellach y dylid cael annibyniaeth i Gymru a defnyddio elw Stad y Goron i wella ein sefyllfa ariannol fregus, a mynnu'r grym i ddatblygu elw o'n hadnoddau naturiol. Mae sefyllfa economaidd Cymru wedi dirywio'n arw o dan y Ceidwadwyr

Efo trên newydd y Pendolino yn 2008

122

yn San Steffan dros y blynyddoedd diwethaf, a chyflwr ein hisadeiledd yn destun cywilydd. Mae ein ffyrdd yn wael a'r gwasanaeth rheilffordd yn warthus, a dwi'n meddwl bod angen atgoffa pawb mai colli arian swmpus Ewrop, o ganlyniad i Brexit, ydi un o'r prif resymau am hynny. Does dim arian ar gael i gyflawni unrhyw brosiect o bwys, a dylai Cymru gael yr arian sy'n ddyledus i ni o ganlyniad i gynllun rheilffordd trychinebus HS2 yn Lloegr er mwyn gwella'n system drafnidiaeth gyhoeddus. Mae'r Blaid Lafur mewn grym yn Llundain erbyn hyn – tybed all llywodraeth Lafur y Senedd ddwyn perswâd ar eu cefndryd yn San Steffan i ariannu Cymru'n hollol deg?

Reit, dyna'r bregeth drosodd!

Ro'n i'n ddigon ffodus i gael mynychu achlysuron fel Canwr y Byd Caerdydd, agoriad swyddogol Canolfan y Mileniwm, Noson Wobrwyo Llyfr y Flwyddyn ac ati yn rhinwedd fy swydd, a chefais gyfarfod llu o bobl ddifyr megis Bryn Terfel (mi ges i sawl sgwrs efo fo a chael tynnu

Yn Lisbon, 2014

fu llun efo fo!), Wynne Evans, Stifyn Parri a Bethan Gwanas yn ystod fy negawd fel AC. Mynychais nifer o ddigwyddiadau difyr yn fy etholaeth hefyd, megis agoriad swyddogol Canolfan Grefftau Rhuthun yng nghwmni'r actor Siân Phillips. Cefais yr anrhydedd o fod yn un o Is-lywyddion Eisteddfod Ryngwladol Llangollen, a thrwy hynny bu i mi gael amryw o sgyrsiau diddorol efo Terry Waite, cyn-lywydd yr Ŵyl a ddaeth yn enw cyfarwydd ar ôl iddo gael ei gipio yn Beirut a'i garcharu am flynyddoedd yn Libanus pan oedd yn gweithio fel llysgennad i Eglwys Lloegr.

Fel aelod o grŵp ein plaid yn y Cynulliad, cefais ymweld â'n haelodau seneddol cyfatebol yn Nulyn, Belfast, a Chaeredin yn ogystal â San Steffan a Brwsel. Bwriad hyn oedd ychwanegu at ein dealltwriaeth, cydweithio a dysgu, a thrafod materion o bwys oedd yn berthnasol i ni yn y Cynulliad. Roedd yr ymweliadau hyn yn amhrisiadwy gan mai Cynulliad gweddol ddi-rym oedd ganddon ni ar y dechrau, ac roedd yn amlwg fod ganddon ni lawer i'w ddysgu ar ein siwrnai wleidyddol er mwyn cryfhau a thyfu i fod yn Senedd addas i'r Gymru gyfoes.

Yng Nghaeredin efo cerflun Lambanana ar ran Pwyllgor Diwylliant y Cynulliad, 2005

Yn ychwanegol i'r ymweliadau swyddogol hyn, roedd cyfle i bob AC wneud cais i ymweld â phrifddinas rhanbarth neu wlad yn Ewrop ar ei liwt ei hun, am ddau ddiwrnod. Roedd yn rhaid trefnu'r ymweliadau hyn yn fanwl i wneud y gorau o'r amser byr oedd ar gael i ni. Dewisais ymweld â Gwlad y Basg er mwyn dysgu mwy am eu dulliau o addysgu drwy gyfrwng yr iaith frodorol yn eu hysgolion, a sut roedd y Fasgeg yn eistedd ochr yn ochr â Sbaeneg, prif iaith y wlad. Ymwelais â'r brifddinas, Vitoria-Gasteiz, Bilbao (er mwyn ymweld ag Amgueddfa Guggenheim) a Donostia / San Sebastian, sy'n ddinas glan-môr llawn steil, mor debyg i Landudno ond yn llawer mwy.

Dro arall cefais gyfle i ymweld â Vienna er mwyn arsylwi ar eu dulliau ailgylchu a'u trafnidiaeth – gwasanaethau cyhoeddus oedd yn esiamplau o arfer da. Y bwriad oedd mabwysiadu rhai o'u systemau a'u dulliau o weithio – bellach mae Cymru ymysg y gorau yn Ewrop am ailgylchu.

Ym Mrwsel i gyfarfod Comisiynydd Rhanbarthol Ewrop ar Faterion Gwledig, Mehefin 2006

Lembit Opik a Mick Bates yn Mrwsel

Fienna, 2002

Mi es i hefyd i Rwmania lle roedd fy merch wedi symud i fyw a gweithio, a chefais ambell gyfle yno i drafod y ffaith fod Rwmania ar flaen y gad o safbwynt eu trefniadau cyfathrebu a'u signalau ffôn. Mae nifer o bobl yn credu na ddylai'r wlad fod yn talu i wleidyddion fynd am deithiau o gwmpas y byd, ac y dylen nhw fod yn canolbwyntio ar y pynciau sy'n poeni pobl Cymru, ond rydw i o'r

Fi mewn lle tebyg i Sain Ffagan yn Rwmania, 2003

farn fod yr ymweliadau hyn yn eithriadol o ddefnyddiol. Mae'n rhaid i lywodraethau newydd ddysgu drwy weld arferion da mewn gwledydd sydd eisoes wedi gwneud eu camgymeriadau, er mwyn ceisio gwasanaethu pobl ein gwlad yn well. Dechrau oedd y broses ddatganoli pan oeddwn i'n AC, ac roedd dysgu sut roedd gwledydd eraill llai yn herio llywodraethau mwy yn effeithiol, yn amhrisiadwy.

Do, cefais fynd ar deithiau amrywiol tra oeddwn yn AC, ond roedd un o'r profiadau dwi'n ei ystyried yn un o'r mwyaf gwerthfawr yn fy etholaeth fy hun. Cefais alwad un min nos gan y Cynghorydd Glyn Jones yn fy ngwahodd i ymweld â'r grŵp elusennol Making Tracks ym Mae Colwyn. Ffurfiwyd y grŵp arbennig hwn i helpu pobl ifanc tebyg i'r rhai ro'n i wedi bod yn gweithio efo nhw cyn i mi gael fy ethol i'r Cynulliad, a gofynnwyd i mi fod yn gadeirydd arno. Derbyn wnes i – sut yn y byd allwn i wrthod? Roedd y pwyllgor bach yn cwrdd yng ngorsaf Bae Colwyn, ac roedd

Noson Wobrwyo'r grŵp Making Tracks

yr aelodau'n cynnwys aelodau o Heddlu'r Rheilffyrdd a chynrychiolwyr o fudiadau oedd yn cefnogi pobl ifanc i lywio'u bywydau yn ôl ar y llwybrau cywir. Roedd ambell aelod o staff yn cael eu cyflogi i fod yn gyfrifol am y gweithgareddau oedd yn cael eu trefnu ar gyfer y bobl ifanc – pethau fel tyfu planhigion a'u plannu mewn cafnau a photiau yn y stesion ac yn y dref. Prosiect gwerth chweil, a dwi'n falch o fod wedi medru cyfrannu ato.

Cefais yr anrhydedd o fod yn AC yn cynrychioli Rhanbarth Gogledd Cymru ar ran y Democratiaid Rhyddfrydol am ddegawd, o 2001 tan 2011. Roedd gwneud y pethau bychain fel gwrando ar broblemau pobl a'u datrys yn ganolog i'm gwaith, yn anrhydedd, ac yn rhoi pleser anhygoel i mi. Ar y llaw arall roedd yn waith blinedig oherwydd y teithio rheolaidd ar draws y gogledd ac i lawr i Gaerdydd, ac yn anffodus effeithiodd y cyfan ar fy mywyd personol. Daeth fy mhriodas i ben, a chefais ysgariad ym Mehefin 2005 ar ôl deng mlynedd ar hugain o fywyd priodasol. Serch hynny, bûm yn cefnogi Derek tan iddo farw yn 2022.

Rhoddodd bywyd gwleidyddol brofiad unigryw i mi. Ro'n i'n hanner cant yn ymuno â'r Cynulliad ac ro'n i, bryd hynny, yn credu fod gen i stôr o brofiadau bywyd i dynnu arnynt yn fy swydd newydd. Ond cefais siom: teimlais yn syth nad oeddwn yn cael cyfle i ddefnyddio fy mhrofiadau a 'nghymwysterau o ddydd i ddydd. Roedd trefn bcnodol i bethau o fewn y blaid, ac fel Aelod Rhanbarthol doeddwn i ddim yn cael llawer o gyfle i berchnogi unrhyw brosiect o bwys.

Yn etholiad nesaf y Cynulliad yn 2011, Aled Roberts, cyn-arweinydd Cyngor Wrecsam, oedd dewis cyntaf y Democratiaid Rhyddfrydol ar Restr Ranbarthol Gogledd Cymru, a finne'n ail. Rhaid i mi gyfaddef fod hyn yn sioc ac yn siom gan fy mod wedi gweithio mor galed ar draws y

Gweithio i drawsnewid capel gwag Maes y Parc, Y Waun, yn 2011

rhanbarth fel AC am ddegawd, ond doedd hynny'n ddim byd i'w wneud efo Aled, wrth gwrs.

Felly, doedd colli fy sedd ddim yn hollol annisgwyl, gan nad oeddem yn siŵr o'r dechrau a fyddai digon o bleidleisiau i benodi dau aelod Rhyddfrydol rhanbarthol, ond roedd o'n gyfnod anodd tu hwnt. Bûm yn dioddef o iselder am gyfnod hir wedyn.

Y diwrnod ar ôl yr etholiad doedd gen i ddim swydd, dim strwythur positif i 'mywyd a dim cyflog misol i fy nghynnal fy hun a thalu'r morgais a'r biliau cyffredinol. Roedd peth arian ar gael i ACau oedd yn colli'u seddi, oedd o ryw gymorth, ond wnaeth o ddim para'n hir. Ond allwn i ddim canolbwyntio arna i fy hun – roedd yn rhaid i mi a fy staff bach gau pen y mwdwl ar ein gwaith a chau'r swyddfa'n drefnus. Cymerodd hyn dri mis, a thorrodd fy nghalon wrth orfod diswyddo fy staff cefnogol a diwyd, heb sôn am fethu cysylltu â'm hetholwyr, yn enwedig y rhai ro'n i wedi'u helpu.

17 - July - 2011

Dear Eleanor.

Now the dust has settled, we would like to thank you for your efforts over the last ten years. Not to mention the thousands of miles you have covered whilst working on our behalf. It has been an uphill struggle to raise the profile of North Wales down there in Cardiff and you have laid down some very solid foundations for future work.

Here in North Wales, we also need to work; the phrase 'Count your blessings' springs to mind! ie Realise what the Welsh Government has done for us and then move forward. Sitting and moaning won't get us a bigger share of funding but working together positively certainly will.

Best wishes

XXXXXXXXXXXXXXX

on behalf of Flintshire Liberal Democrats

Dear Eleanor,

I write on behalf of the Association to express our heartfelt thanks & gratitude for all your hard work as North Wales PM over the last ten years. You have done a huge service to the party, & we are very grateful for all the support you have given.

Lots of Luck
Love
Laughter,

L

Llythyrau i ddiolch i mi am fy ngwaith

Pennod 12

Ychydig fisoedd ar ôl colli fy sedd cefais wahoddiad diddorol ond heriol i gymryd rhan yn y rhaglen goginio *Pryd o Sêr* oedd i gael ei darlledu ar S4C dros y Nadolig. Wrth feddwl yn ôl, roedd fy mhenderfyniad i dderbyn y gwahoddiad yn un hollol wallgof, gan nad oeddwn mewn cyflwr meddyliol na chorfforol da iawn. Roedd aelodau'r Democratiaid Rhyddfrydol yng Nghaerdydd yn honni fy mod wedi dweud pethau oedd yn mynd yn groes i'r arweinydd, ac yn fy mygwth, yn y cyfnod ar ôl i mi golli fy sedd. Dwi'n ddiolchgar iawn i Elfyn Llwyd, fu'n gymaint o help a chefn i mi bryd hynny, ac er i mi lwyddo i symud ymlaen ac edrych i'r dyfodol, bu digwyddiadau'r misoedd hynny yn dipyn o dreth arna i.

Ond derbyn wnes i, a gyrrais i westy ym Mhorthaethwy i gwrdd â'r criw teledu a'r cystadleuwyr. Fi oedd yr unig gyn-wleidydd – roedd y gweddill yn selebs go iawn, pobl adnabyddus fel y newyddiadurwr Sian Lloyd, Rhodri Ogwen Williams, cyn-Miss Cymru, Courtney Hamilton, yr actor Steffan Rhodri a Ffion Dafis.

Ar ôl cael ein cyflwyno i'n gilydd, cawsom noson braf o giniawa a llawer iawn o hwyl cyn dechrau ar y 'gwaith' yn y bore, o dan oruchwyliaeth Dudley, Emma Walford a'r staff. Rhannwyd ni'n ddau dîm a'n gyrru ar draws Sir Fôn er mwyn cyflawni rhyw weithgareddau gwirion, a chawsom ymarfer coginio prydau bwyd i grwpiau gwahanol er mwyn ein paratoi at y dasg olaf pan fyddai disgwyl i ni baratoi pryd o fwyd tri chwrs i tua deugain o bobl.

Gofynnwyd i mi arwain un tîm, a Steffan Rhodri oedd

yn arwain y llall. Bois bach, tasg anodd oedd gweithio'n agos fel tîm ar brosiectau cymhleth, a ninnau'n ddibrofiad. Wedyn, roedd yn rhaid i ni gysgu mewn pebyll am noson... doeddwn i ddim wedi gwersylla ers fy nhaith drwy Ffrainc yn 1973! Bu llawer o dynnu coes ynglŷn â chwyrnu y bore wedyn – yn ôl pob tebyg fi oedd y gwaethaf. Ro'n i'n teimlo embaras ofnadwy ar y pryd, ac roedd popeth yn ymddangos yn waeth oherwydd yr iselder ro'n i'n dioddef ohono. Dysgais yn ddiweddarach fod cyflwr *sleep apnoea* arna i, oedd yn egluro'r chwyrnu uchel.

Yn ôl at y coginio, ac roedd yn rhaid i ni ddod o hyd i'r cynhwysion ar gyfer y

Nodyn bach i ddiolch am eich cyfraniad ar
DUDLEY PRYD O SÊR (s4c)

Dyma ddyddiadau darlledu'r gyfres.
Ond cadwch eich llygaid ar agor rhag ofn
y bydd newidiadau.

Rhaglen 1 :   2 7 Rhagfyr 7 . 15 yh

Rhaglen 2 :   2 8 Rhagfyr 7 : 30 yh

Rhaglen 3 :   2 9 Rhagfyr 7 : 30 yh

Rhaglen 4 :   3 0 Rhagfyr 8 : 25 yh

Cerdyn gan Dudley yn dilyn ffilmio Pryd o Sêr

prydau bwyd o ffynonellau safonol lleol. Bu'n rhaid i ni goginio *paella* mewn cae gwlyb i tua ugain o ddynion oedd yn cystadlu ar dynnu rhaff, ond cawsom fynd i geginau'r coleg yn Llandrillo-yn-Rhos i greu'r prydau bwyd olaf, diolch byth.

Roedd dipyn o bwysau arnon ni – roedd y gwesteion oedd yn mynd i fod yn bwyta'r bwyd i gyd yn wybodus iawn yn y maes, ac yn cynnwys rhai o'r cyflenwyr yr aethon ni atyn nhw i brynu'r cynhwysion. I gymhlethu'r sefyllfa, roedden nhw'n gallu'n gweld ni'n chwys domen yn paratoi yn y gegin, wrth yfed eu coctels!

Yn anffodus, doedd neb o'n tîm ni wedi sylweddoli fod problem efo'r ffwrn, a chawsom sioc o ddeall nad oedd y cig yn barod ar gyfer yr ail gwrs. Diolch byth, daeth rhai aelodau o'r tîm arall i'n helpu i'w ffrio er mwyn sicrhau ei fod yn barod mewn da bryd. Diolch byth am eu caredigrwydd – ein tîm ni enillodd!

Ychydig fisoedd yn ddiweddarach dechreuais ystyried y cam nesaf yn fy mywyd. Penderfynais wneud cwrs arall: cwrs Caergrawnt i ddysgu Saesneg fel iaith ychwanegol. Roedd fy merch a'm mab eisoes wedi cwblhau'r cwrs, ac ystyriais y byddai defnyddio fy amser fel hyn fanteisiol nes i mi benderfynu'n union beth ro'n i am ei wneud fel gwaith. Ro'n i dros fy nhrigain oed erbyn hyn, ond roedd yn rhaid i mi gael incwm.

Roedd y cwrs heriol hwn yn para tri mis ac yn cael ei gynnal yn Lerpwl. Cyn cael fy nerbyn arno roedd angen i mi gael fy nghyfweld, ac fel rhan o'r broses honno roedd gofyn i mi roi gwers. Cefais brofiad positif, a chael fy nerbyn ar y cwrs.

Felly, ddechrau Mawrth 2012, ffwrdd â fi ar y trên hanner awr wedi chwech y bore, o'r Waun i Lerpwl, gan newid yng Nghaer. Roedd angen i mi fod yn Lerpwl am dridiau bob wythnos, ac yn ychwanegol i hynny roedd llwyth o waith a phrosiectau unigol, a thasg grŵp i'w chyflawni. Nod y cwrs oedd ein galluogi i ddysgu myfyrwyr o bob oed i siarad ac ehangu eu dealltwriaeth o Saesneg llafar sylfaenol, a llwyddais i basio. Mae dysgu gydol oes wedi fy siwtio, ac wedi agor nifer o ddrysau diddorol ac amrywiol i mi trwy gydol fy mywyd.

Dros yr haf y flwyddyn honno cefais swydd yn y brifysgol yng Nghaer, yn dysgu Saesneg i ddisgyblion yn eu harddegau o'r Eidal a Rwsia. Wel, am hwyl oedd esbonio pwysigrwydd Caer a'r Rhufeiniaid iddynt, a'u tywys ar gwis dirgel o gwmpas y ddinas a'r muriau Rhufeinig. Roedd y Rwsiaid ro'n i'n eu dysgu wedi'u haddysgu i safon uchel iawn, ac yn deall y gwahaniaeth rhwng Saesneg Prydeinig a Saesneg America i'r dim.

Er i mi chwilio'n ddyfal, sylweddolais y byddai'n anodd iawn i mi gael swydd lawn amser oherwydd fod dirwasgiad 2008 yn dal i ddylanwadu ar fusnesau, a 'mod i'n ddynes hŷn. Cefais brofiad o agwedd negyddol cymaint o gyflogwyr, oedd yn holi pam fod dynes fel fi eisiau gwaith mor gyffredin ar ôl gyrfa lwyddiannus, ond y gwir oedd nad oeddwn awydd mwy o gyfrifoldeb.

Felly, wrth symud ymlaen, roedd yn bwysig i mi gadw'n brysur. Y cam synhwyrol oedd gwirfoddoli, ond ro'n i'n gwybod ei bod yn bwysig i mi gadw'n ffit hefyd, felly ymunais â'r ganolfan hamdden leol, flewyn dros y ffin, er mwyn gallu nofio'n ddyddiol, treulio amser yn y gampfa ac ymuno â sesiynau fel Tai Chi neu ioga. Yn sgil hyn cwrddais ag amryw o fenywod clên, a gwneud ambell ffrind newydd sbon.

Yng nghanol hyn i gyd roedd yn rhaid i mi gael llawdriniaeth yn Ysbyty Orthopaedig Gobowen. Bu Mam yn cadeirio grŵp lleol i godi arian i'r ysbyty am flynyddoedd lawer, felly, i ddangos fy ngwerthfawrogiad ar ôl y llawdriniaeth lwyddiannus, penderfynais gynnig f'amser yn wirfoddol i Urdd Flodau'r ysbyty. Roedd hyn yn golygu casglu a phrynu blodau a'u trefnu ar gyfer eu harddangos yn yr ysbyty er lles y cleifion, y staff a'r ymwelwyr. Hefyd bûm yn gwirfoddoli yn llyfrgell yr ysbyty gan wthio troli o gwmpas y wardiau, a chynnig llyfrau i'r cleifion. Roedd nifer fawr o'r cleifion yn gaeth i'w gwelyau am gyfnodau hir ac felly roedd cael dewis llyfrau oddi ar y troli'n gwneud gwahaniaeth mawr iddynt.

Ychydig yn ddiweddarach cefais wahoddiad i ymuno â changen Wrecsam o Gyngor Iechyd Cymunedol Gogledd Cymru. Roedd y gwaith yn golygu mynychu cyfarfodydd ym Mae Colwyn bob chwarter blwyddyn, i drafod gwaith y Cyngor a'r canlyniadau efo'r bwrdd rheoli, sef Bwrdd Iechyd Prifysgol Betsi Cadwaladr. Ymhen peth amser ro'n i'n gadeirydd ar y gangen.

Roedd perfformiad y Bwrdd Iechyd wedi bod yn wael am flynyddoedd, sefyllfa hollol warthus o ystyried ei fod yn gyfrifol am iechyd cymaint o filoedd o gleifion ar draws gogledd Cymru, o Wrecsam i lawr at gyrion Machynlleth. Cofiaf herio'r cadeirydd newydd yn ei gyfarfod cyhoeddus cyntaf efo ni, a rhoi fy marn iddo mai'r peth doethaf fyddai cael gwared o'r rhan fwyaf o'i fwrdd rheoli, gan ddefnyddio'r arian sylweddol y byddai'n ei arbed i ddarparu mwy o ofal cymunedol addas fel bod cymaint o gleifion â phosib yn cael dod adref o'r ysbytai'n gynt. Ches i ddim ymateb synhwyrol gan y cadeirydd er bod y peth yn gwneud synnwyr. Ro'n i bellach wedi mynd mewn cylch, ac yn trafod yr un pynciau ag yr o'n i wedi bod yn delio â nhw yn fy swydd gyntaf ar ôl gadael y coleg. Heddiw, fel yn y 1970au, mae staff rheng flaen ein gwasanaeth iechyd yn anhygoel o ddiwyd ac ymroddedig – canlyniad gor-fiwrocratiaeth ydi sefyllfa druenus y gwasanaeth, efo gormod o reolwyr a dim digon o staff meddygol. Fodd bynnag, allwn i, yn fy rôl wirfoddol, ddim datrys yr holl broblemau. Taflais fy hun i'm dyletswyddau fel cadeirydd y Cyngor Iechyd Cymunedol, serch hynny, gan ymweld â'r wardiau a'r unedau yn yr ysbytai a'r canolfannau iechyd ar hyd a lled gogledd Cymru, i siarad efo'r staff a'r cleifion. Roedden ni'n gwneud hyn mewn parau neu grwpiau bach, gan ysgrifennu adroddiadau llawn a manwl ar bob agwedd o'r ddarpariaeth iechyd, er mwyn eu trafod â'r bwrdd iechyd. Roedd hyn yn cynnwys nodi cyflwr yr adeiladau, o'r mynedfeydd i'r ystafelloedd molchi a'r wardiau, a nodi pryderon y staff ynglŷn â phob agwedd o'u gwaith, o offer i lefelau staffio, ynghyd â sgwrsio â'r cleifion am eu profiadau.

Fel AC flynyddoedd ynghynt, holais y Gweinidog Iechyd ar y pryd a oedd yn beth doeth enwi'r byrddau iechyd ar ôl unigolion uchel eu parch fel Betsi Cadwaladr, Hywel Dda ac Aneurin Bevan, rhag ofn eu pardduo. Daeth fy mhroffwydoliaeth yn wir, ac erbyn hyn mae enw Betsi Cadwaladr druan wedi'i bardduo oherwydd diffyg rheolaeth y bwrdd a'r ffaith ei fod dan fesurau arbennig cyhyd.

Tra o'n i'n gadeirydd cangen Wrecsam o Gyngor Iechyd Cymunedol Gogledd Cymru, credaf ein bod wedi cyflawni ein gwaith i'r safon uchaf, gan geisio gwella safon y darpariaeth trwy argyhoeddi'r Bwrdd ac eraill o'n casgliadau. Wn i ddim faint o sylw roddwyd i'n gwaith, chwaith – gwnaethom dipyn o waith ar Uned Iechyd Meddwl Ysbyty Glan Clwyd gan ymweld â'r wardiau ac ysgrifennu nodiadau manwl ynglŷn â phryderon gafodd eu codi gan y staff a'r cleifion. Rŵan, Llais ydi'r corff newydd, a sefydlwyd gan y Llywodraeth yn 2022 i roi llais i bobl Cymru ynglŷn â'r ddarpariaeth iechyd a gofal yng Nghymru.

Gofynnodd ffrind i mi helpu â'i grŵp Dementia lleol, oedd yn cyfarfod yn wythnosol ym Maes y Parc ym mhen pellaf pentref y Waun. Cytunais yn llawen, a dechrau gweithio fel rhan o'r grŵp i ddarparu amserlen ddiddorol o weithgareddau ar gyfer unigolion lleol oedd yn dioddef o'r cyflwr creulon. Fi oedd yn arwain y sesiynau canu gyda chyfeiliant dawnus aelod arall o'r grŵp, ac ro'n i hefyd yn cynnig tylino aromatherapi ar y dwylo, gan ddefnyddio'r sgiliau ddysgais flynyddoedd ynghynt. Mi wnaethon ni lwyddo i fynd â'r cleifion i ganu ar un o lwyfannau bach Eisteddfod Ryngwladol Llangollen (lle ro'n i'n un o'r is-lywyddion), oedd yn dipyn o hwyl ac yn brofiad tra gwahanol iddynt. Yn anffodus, cododd Covid ei ben, a bu'n rhaid i ni roi'r gorau i'n cyfarfodydd.

Un peth sy'n rhoi pleser mawr i mi erbyn hyn ydi helpu pobl sy'n awyddus i ddysgu Cymraeg. Ychydig flynyddoedd yn ôl, cefais alwad gan ffrind yn gofyn i mi fod yn diwtor i'w merch oedd yn mynd trwy gyfnod anodd ar ôl cael ei bwlio a gorfod symud ysgol. Roedd gen i syniad o sut i fynd o'i chwmpas hi ar ôl ennill cymhwyster Caergrawnt i ddysgu Saesneg, felly ar ôl ffonio CBAC i gael copi o'r cwricwlwm Cymraeg, a chael enw tiwtor lleol uchel ei pharch, Enfys Thomas, i'm rhoi ar ben ffordd, mi es i ati. Cafodd y ferch A* yn ei harholiad TGAU! Yn rhyfedd iawn, pan o'n i yn yr ysgol doedd gen i ddim awydd mynd yn athrawes, ond wedi dweud hynny, mae gen i hanes o fynd at bethau o'r cyfeiriad anghywir!

Mae ysgrifennu creadigol wastad wedi apelio ataf, ac ar ôl cyfarfod awdures amatur o'r enw Susan Buck, penderfynais sefydlu grŵp ysgrifennu creadigol yn y llyfrgell leol efo hi yn ein harwain. Ro'n i'n meddwl y byddai sgwennu yn cadw fy ymennydd yn heini, a phenderfynwyd anelu at sgwennu tua 800 gair bob mis fel her a rhyw fath o therapi i'r grŵp. Roedden ni'n cwrdd am ddwyawr ar ddydd Gwener cyntaf y mis, am ddeng mis o'r flwyddyn, gan ddarllen ein straeon byrion i'n gilydd yn ystod y sesiynau, a sgwrsio am waith ein gilydd, heb fod yn or-feirniadol. Cyhoeddwyd cyfrol o'n straeon yn Saesneg, er mwyn codi arian at elusen leol a'r llyfrgell, lle roedden ni'n cwrdd. Mae'r profiad o ysgrifennu'n greadigol wedi bod yn gymorth aruthrol i mi, yn enwedig yn ystod y cyfnodau clo Covid.

Dwi'n parhau i ymddiddori mewn materion cyfoes, ac yn fodlon siarad ar y teledu neu'r radio ar amrywiaeth o bynciau pan ddaw gwahoddiad. I mi, peth aruthrol o bwysig ydi cynnig barn fenywaidd ar rywbeth, neu farn person hŷn (neu'r ddau!) – dwy garfan o'r gymdeithas y mae'n hawdd i bobl eraill anghofio amdanon ni. Ddwy flynedd yn ôl cefais fy nghyfweld gan Gerallt Pennant ar gyfer rhaglen *Prynhawn Da* S4C, gan siarad am bum peth gweledol sy'n bwysig i mi. Dewisais bethau sy'n fy atgoffa o achlysuron a phrofiadau unigryw: y llyfr godidog am adeilad y Senedd y cyfeiriais ato ynghynt; y llun ohona i'n gapten ar dîm *University Challenge* y Cynulliad yn 2004; set de piwter Mam, oedd yn anrheg priodas i fy rhieni gan drigolion pentref Cynwyd; llun ohona i yn y gynhadledd CPA yn Awstralia yn Medi 2001; a'r dystysgrif enillais yn Eisteddfod Llangollen am yr Unawd Soprano yn 1990.

Ddwy flynedd yn ôl cefais wahoddiad i ymuno â Lleisiau Ceiriog. Dwi'n mwynhau bod yn aelod o'r côr, sy'n gweithio'n ddiwyd erbyn hyn i godi arian at Eisteddfod Wrecsam. Dwi hefyd wedi ymuno â Merched y Wawr Glyn Ceiriog. Doeddwn i ddim yn gallu ymrwymo i weithgareddau fel hyn tra o'n i'n gweithio, ac mae'n braf cael cymdeithasu drwy gyfrwng y Gymraeg. Dwi hefyd wedi bod yn cynnal nosweithiau i ganghennau Merched y Wawr a Sefydliad y Merched yn lleol, yn sôn am fy mywyd a'm gyrfa, sy'n fraint. Bûm yn aelod o Gyngor Cymdeithasol y Waun am bum mlynedd, a dwi erbyn hyn yn cael y fraint o gefnogi fy wyres fach yn lleol i siarad Cymraeg.

* * *

Ar ôl canu yn Eglwys Pentre Broughton, Wrecsam, tua 2000

Soniais yn y cyflwyniad i'r hunangofiant hwn i mi ac aelodau eraill benywaidd Cynulliad 2003 gael gwahoddiad yn ddiweddar gan Archif Menywod Cymru i gofnodi ein profiadau o fod mewn sefydliad oedd yn gydradd o safbwynt aelodau benywaidd a gwrywaidd. Gwnaed y cyfweliad dros Zoom, a phrofiad pleserus oedd cofio am y Cynulliad cynnar a'r cydweithio hapus a fu yno.

Mae dipyn wedi newid ers i mi adael y byd gwleidyddol – mae enw'r sefydliad wedi newid, yn un peth, i Senedd Cymru. Dwi'n meddwl bod hwn yn newid er gwell, ac yn rhoi mwy o statws i'r Senedd a'i haelodau. Daeth Brexit i siglo seiliau'r Senedd a San Steffan, ac mae'r casineb tuag at fewnfudwyr wedi fy nychryn. Pleidleisiais i ymuno a'r Undeb Ewropeaidd, neu'r Farchnad Gyffredin, yn ôl yn 1972, ac roedd pleidiau mwyaf Cymru, ar wahân i'r Ceidwadwyr, o blaid aros yn Ewrop pan ddaeth y bleidlais ar adael yn 2016. Roedd mantais mawr i Gymru o aros – yr arian cyfalaf Ewropeaidd oedd mor hanfodol dros y blynyddoedd i sicrhau gwelliannau sylfaenol fel cynnal a gwella cymaint o'n hisadeiledd – ac roedd y ffaith nad oedd llawer o bobl ar lawr gwlad Cymru'n deall hyn yn ffactor yn y niferoedd a bleidleisiodd am Brexit, yn fy marn i. Fuaswn i ddim wedi hoffi bod yn AS yn ceisio delio â'r cur pen hwnnw. Dwi mor falch fod fy merch a'm mab wedi elwa o gysylltiadau cryf ag

Ewrop, a'u bod yn rhugl yn amryw o ieithoedd Ewrop. Ar ôl graddio o Rydychen, mae fy merch wedi byw yn Romania am chwarter canrif ac yn debygol o aros yno. Mae fy mab wedi priodi merch o Armenia, a dwi'n falch fod fy wyres yn cael cyfle drwy ei rhieni i fod yn amlieithog, gan gynnwys y Gymraeg.

Ar ôl i mi adael y Cynulliad, penderfynais nad o'n i am fod yn aelod o unrhyw blaid wleidyddol. Erbyn hyn dwi'n tueddu i gefnogi Plaid Cymru, gan fy mod i'n credu ei bod yn hen bryd mynd i'r afael â'n sefyllfa fregus, a chryfhau ein cyfansoddiad gwan ar ôl chwarter canrif o wastraffu'r cyfle gawson ni yn dilyn Datganoli. Fedrwn ni ddim osgoi'r ffaith fod llai o arian ar gael yn sgil Brexit i gyflawni prosiectau fel trwsio ffyrdd ar ôl tirlithriadau a llifogydd, rhywbeth sy'n cael effaith enbyd ar deithio, yn lleol ac yn genedlaethol.

Dwi'n credu bod democratiaeth y Gorllewin mewn argyfwng ar ôl gor-ddylanwad gwleidyddion fel Boris Johnson a'i wleidyddiaeth anfoesol, a Donald Trump a'i *fake news* a'i anallu i ddweud y gwir. Dwi newydd ddarllen llyfr Rory Stewart, un o gyn-weinidogion Ceidwadol San Steffan, *Politics on the Edge*. Ynddo mae'n rhestru'r rhesymau am ddirywiad democratiaeth ym Mhrydain, a chredaf fod yr hyn sydd ganddo i'w ddweud yn berthnasol i ni yng Nghymru hefyd.

Mae'n fy ngwneud i'n drist cyn lleied o barch sydd at wleidyddion erbyn hyn, a'r diffyg diddordeb mewn gwleidyddiaeth ar lawr gwlad. Mae'r gymdeithas glòs Gristnogol y ces i fy magu ynddi wedi diflannu – bryd hynny roedd pawb yn barchus at ei gilydd, waeth beth oedd daliadau a chredoau'r naill a'r llall. Efallai fod y parch hwnnw'n arwynebol a rhagrithiol, ond roedd bywyd yn sicr yn haws.